电子商务系列教材

管理信息系统

李玉海　陈　烨　王光超　朱　泽 编

科 学 出 版 社

北 京

内 容 简 介

本书设计九个章节、四个知识模块介绍管理信息系统的基本概念、相关技术、建设理论和案例实践。其中，第一章和第二章为理论模块，阐述管理信息系统的基本概念。第三章为技术支持模块，简要介绍管理信息系统涉及的各类技术。第四章到第八章为系统建设模块，从系统的生命周期视角介绍系统建设的各个环节。第九章为案例分析模块，结合一个项目场景综合运用本书的理论与实践知识，介绍项目的建设过程。

本书适用于管理类相关专业的本科和研究生教学，还可供企事业单位管理人员工作学习参考。

图书在版编目（CIP）数据

管理信息系统/李玉海等编. —北京：科学出版社，2021.12
电子商务系列教材
ISBN 978-7-03-071129-8

Ⅰ.①管… Ⅱ.①李… Ⅲ.①管理信息系统－高等学校－教材
Ⅳ.①C931.6

中国版本图书馆 CIP 数据核字（2021）第 269689 号

责任编辑：闫　陶/责任校对：郑金红
责任印制：赵　博/封面设计：苏　波

科学出版社 出版
北京东黄城根北街 16 号
邮政编码：100717
http://www.sciencep.com
北京厚诚则铭印刷科技有限公司印刷
科学出版社发行　各地新华书店经销
*
2021 年 12 月第 一 版　　开本：787×1092　1/16
2025 年 3 月第三次印刷　　印张：12 1/2
字数：296 000
定价：65.00 元
（如有印装质量问题，我社负责调换）

丛 书 序

近些年，国际竞争日益激烈，人才培养与人才争夺成为焦点。十八大以来，习近平总书记多次强调人才对创新的重要性，并指出创新是引领发展的第一动力。创新驱动实质上是人才驱动，要重视人才的培养。教育部"十三五"规划也提出，人才培养是国家可持续发展的重要驱动力，必须要优先发展教育，培养大批创新人才。

随着计算机、互联网以及云计算技术的飞速发展，我国逐渐进入信息化社会。信息技术渗入到各行各业，对个人生活、企业与政府的管理和运行均产生重要影响，尤其对企业经营活动的选择与组织产生着越来越关键的作用。数据、信息和知识已成为社会的主要资源，如何应用该类资源创造价值成为当代社会的主要课题。

因此，根据当今时代的要求与社会的发展，信息化与学科知识结合，逐渐衍生出电子商务与信息管理类相关的专业。高校长久以来承担着人才培养、发展科技与服务社会的重要职责，如何培养出符合时代发展的人才是高校始终思考的问题。新型复合人才的培养对高校教育提出了更高的要求，其中，教材在人才培养中起着至关重要的作用。教材不仅体现了丰富的专业知识和教学方法，也从侧面折射出教育思想的变革。为此，我们以教育素质为核心组织相关教材，力求处理好知识、能力与素质三者的辩证统一关系，实现教材内容和体系的创新。

我们根据高校课程设置，编写了电子商务专业本科专业的系列教材，同时对本套教材也提出了较高的要求。①系统性。本套教材注重系统性，便于读者对各知识层次有准确的理解，以帮助读者深入掌握相关知识模块，并构建知识体系。②前沿性。本套教材不断与时俱进，及时地将新理论、新技术、新成果与新趋势补充在教材中，使读者能紧随社会发展的脚步，掌握前沿知识。③实用性。结合实际，注意案例教学，本套教材由教学经验丰富的高校教师编写，了解本科生的实际教学与专业需求，并通过案例教学，加深学生对相关理论知识的理解与掌握。

本套丛书共 21 本，其中《学会阅读》、《信息素养修炼教程》和《创新理论与方法》帮助读者为后续的专业学习奠定基础，其余教材大致可分为三类。

第一类，电子商务类基础课程，包括《电子商务概论》《电子支付与网络金融》《电子商务安全》《市场调查理论与方法》《客户关系管理》《管理学》《管理信息系统》，共 7 本教材，主要是帮助读者掌握信息技术在商业领域的应用，了解商务过程中的电子化、数字化和网络化。

第二类，电子商务与信息管理相结合类课程，包括《信息组织》《信息经济学》《信息分析与预测》《信息采集学教程》《信息分析理论、方法与应用》，共 5 本教材，主要是帮助读者掌握信息技术在管理学与经济学等领域的应用。

第三类，电子商务技术类课程，包括《数据库系统实验》《云数据管理与服务》《大数据技术与原理应用教程》《数据结构（C/C＋＋）》《面向对象程序设计 Java》《数据分析技术》，共 6 本教材，主要帮助广大读者学习与掌握信息化的前沿技术。

本套教材在高校教师、专家学者、科学出版社的共同努力下，陆续出版并与读者见面。我们希望，凝聚我们多年教学成果的系列教材可以为我国信息化人才的培养贡献力量，推动我国信息化工程的建设。同时，对参与教材编写以及出版的各位专家学者表示感谢。

本套教材适用于电子商务、信息管理与信息系统、信息资源管理专业的本科生、研究生教学，也可供其他相关学科、专业教学使用，或作为有关人员的培训教材和自学参考书。我们的目标是尽善尽美，但限于我们的水平，书中难免有不妥和疏漏之处，恳请广大读者批评指正，帮助我们不断提高本套教材的质量。

编委会

于华中师范大学信息管理学院

2020 年 3 月

前　　言

随着我国国民经济的快速发展和信息技术的普及应用,各类管理信息系统越来越受到关注,管理信息系统融合先进管理理念,提供高效的管理手段,给机构带来了显著的经济效益,提升了机构的综合实力,而且社会对管理信息系统规划、设计和使用的人才需求越来越大。当今高等院校的管理类专业都开设了管理信息系统课程,而且还是核心课程,从事本课程教学及相关科学研究的学者越来越多,不同特色的管理信息系统教材陆续出版面市,为管理类人才培养提供了重要保障。

管理信息系统作为大学课程,在 20 世纪 90 年代引入我国。笔者于 1998 年初在北京参加了我国首届《管理信息系统》课程教学研讨班,黄梯云教授和薛华成教授分别对本课程的开设目的、教学目标、内容体系和教学方式方法做了详细介绍。二十多年来,我们结合信息管理类专业人才培养实际,开展本课程的教学和科研工作,也组建了本课程的教学团队。在近二十几年的教学中,通过长期的教研总结,我们认为利用本课程培养学生树立系统观点,运用系统方法来分析处理问题,不仅是教好本课程的重要理念,而且对学生学习本专业的其他知识,提高综合能力也会非常有益。由于与管理信息系统知识相关的管理学、信息技术等课程体系发生了变化,加上教学课时的变化,我们参考历年使用的教材和相关资料,编写了这本简明教材。

本书把管理信息系统的基本知识分为九章,分别介绍管理信息系统的基本概念、规划、分析、设计、实施和运行管理的基本过程和方法。并通过案例介绍管理信息系统建设的一般方法。九章又分为四个知识模块,第一章系统与信息系统和第二章管理信息系统概述是本书的理论模块,这部分重点介绍系统的基础知识,将系统的概念和信息相结合,引出信息系统,进而阐述管理信息系统的基本概念。第三章为管理信息系统相关技术,考虑到数据库、计算机语言、网络技术等在其他课程中都已经学过,加上云计算、大数据、区块链等对管理信息系统的影响日益增强,该部分对这些技术进行介绍。从第四章管理信息系统规划到第八章管理信息系统运营为管理信息系统建设模块,该部分从系统的生命周期视角,分五章对系统建设的每个环节的目的任务、名词术语、方法步骤、技术与工具等做了详细、系统的介绍。第九章为管理信息系统应用,选择一个场景,将本书的理论与实践知识综合运用到一个具体项目,介绍项目的建设过程,给学生提供系统全面的认识。

本书章节组织紧凑,内容简明扼要,知识点明确,对一些发展历史、应用领域和场景没有论及,适合管理类相关专业的本科和研究生教学,还可供企事业单位管理人员工作学习参考。

本书第一、二章和第九章由李玉海编写，第三章和第六章由陈烨编写，第四、五章由王光超编写，第七、八章由朱泽编写，王光超负责全书的编排工作，全书的审稿定稿由李玉海完成。因时间仓促，个人认识有限，书中难免有疏漏之处，敬请读者提出意见和建议。

编　者

2021 年 8 月于武汉

目　　录

第一章 系统与信息系统

本章介绍系统、信息和信息系统的基本概念。本书介绍的管理信息系统其根本是系统。我们在日常工作、学习和生活当中，学会用系统的思想去看待、处理问题，将使我们遇到的困难少一些，办事效益高一些，工作压力会小一些，成功的可能性大一些，所以我们需要了解一些系统的知识。而信息和物质、能源一样，是当今社会每一个人都要用到的资源，是我们生活环境的重要组成部分，由它界定的信息系统是被人们广泛使用的生产工具。

第一节 系统的基本概念

和自然科学、社会科学不同，系统科学是从整体上对研究对象进行认识和把握。如数学、物理、化学、生物学等自然科学是研究自然界的物质形态、结构、性质和运动规律，社会科学研究社会分层、社会阶级等社会的结构、功能、发生、发展规律。系统科学思想的突出特点是强调整体性，如研究对象存在的整体目的是什么，其组成部分对整体有何作用，对整体有影响的各部分之间是什么关系等。系统科学创立后，不仅很多复杂的科学问题有了有效的解决方法，而且反过来推动了自然科学和社会科学的交叉、融合发展。

在当今社会进步发展的大背景下，学习系统科学的基本原理，将有助于我们建立系统思维，开拓视野，提高站位，把握全局，有效地发现、解决实际问题，树立创新意识，提升创新能力。

一、什么是系统

在现实生活中，我们经常听到人们说起系统，如生态系统、教育系统、消化系统、计算机系统等。在实际工作中，我们常常要进行系统设计、系统分析，如图书馆文献资源管理系统设计、电信用户系统分析等。系统是最普遍，最平常的词汇。那么到底什么是系统呢？

在庞大的系统科学体系中，不同学科由于其研究范围和重点不同，给出了不同的定义。如科学家钱学森从技术科学的角度提出，系统是由相互制约的各部分组成的具有一定功能的整体，该定义强调系统的功能。从基础科学的角度，贝塔朗菲指出，系统是相互联系、相互作用的诸元素的综合体，此定义强调元素之间的相互作用和联系以及由此形成的整体特性。

美国国家标准协会（ANSI）对系统的定义是，各种方法、过程或技术结合到一块，按一定的规律相互作用，以构成一个有机的整体。

国际标准化组织技术委员会（ISO/TC）对系统的定义是，能完成一组特定功能的，由人、机器及各种方法构成的有机集合体。

美国《韦氏大辞典》中，系统被解释为：有组织的或被组织化的整体；结合着的整体所形成的各种概念和原理的结合；由有规则的相互作用、相互依存的形式组成的诸要素集合。

国内的学者普遍将系统定义为：由一些部件为了某种目的而有机地结合的整体。或者说是处于一定环境中相互联系、相互作用的若干组成部分结合而成，并为达成整体目的而存在的集合。

从系统思想出发，综上观点，给出系统定义：系统是在一定环境中，为了某种目的，多个部件相互联系、相互作用而形成的有机整体。

在以上系统定义中，部件、元素、组成部分（组分）都是同一意思，表述的都是构成系统的构件，而集合、整体、综合体也是对系统的别称。

系统与非系统可以从以下两个表述区分。

如果部件集 S 满足以下两个条件：

（1）S 中至少包含两个不同的对象；

（2）S 中的对象按照一定的方式相互联系在一起。

则称 S 为一个系统，称 S 中的对象为系统的部件、组分、元素。

如果部件集 N 满足以下两个条件之一：

（1）N 中只有一个不可再分的对象；

（2）N 中不同对象之间没有按照一定的方式连成一体。

则称 N 为非系统。

二、系统的特性

系统定义中有五个关键词：环境适应性、目的性、多元性、相关性、整体性，这是理解系统含义的重要线索，也是系统的特性。

（一）环境适应性

一个系统本身总是从属于一个更大的系统，它是这个大系统的一个子系统。客观上讲，任何系统都存在于一定的环境中，环境可以理解为一个系统的补集。系统总会受到环境的影响和制约，同时也要对环境的变化做出某种反应，我们把环境对系统的影响称为刺激或者冲击，而系统对环境的反应称为响应（主动）或者适应（被动）。系统要发挥它应有的作用，达到应有的目的，自身一定要适应环境的要求。

一般情况下，人们谈到系统并没有明确强调环境，并不是忽略了该特性，而是对现有环境的默认。

（二）目的性

目的性体现了系统存在的意义。任何系统都是有目的的，可以说没有目的的系统是没有必要存在的，进一步说，系统的目的性越强，这个系统就越有生命力。反之，如果没有目的，这个系统就是冗余的，没有存在的价值，应该予以废除。

我们建立一个系统，就是为了实现某一目的。系统的目的决定着系统的基本作用和功能，系统的目的决定着系统的基本作用和功能，反之系统的目的又通过系统的功能达到并实现，而系统的功能则通过其子系统的功能来体现。

（三）多元性

任何系统都是由多个可以相互区别、具有不同属性的部件构成，部件还可以由另外一些部件组成，我们称这类部件为子系统。正是这些部件的存在，使得系统具有一定的内部结构。

（四）相关性

同一系统的不同部件之间按照一定的方式相互联系、相互作用，不存在与其他部件无任何联系的孤立部件，也不可能把系统划分为若干彼此孤立的部分。相互联系意在要求部件之间有某种确定性联系，人们能够据以辨识，并区分于其他系统。相互作用是指部件之间可以施加影响，改变彼此的状态，协调双方的运行，产生有效的功能。

部件之间的相关关系可以是从属关系、并列关系、因果关系、包含关系等。

（五）整体性

多元性加上相关性，产生了系统的整体性和统一性。组成系统的各个部件不是简单地结合在一起的，"有机整体"还要求这些整体特性表现得非常自然、融洽，每个部件都要服从整体，追求整体最优而不是每个部件最优。凡是系统都有整体的形态、整体的结构、整体的边界、整体的特性、整体的行为、整体的功能。所谓系统观点，首先是整体观点，强调考察的整体性，从整体上认识和处理问题。但系统和整体不是一个概念，系统必为整体，整体不一定是系统。

三、系统的分类

分类的目的是揭示不同系统之间的联系，更好地认识、了解系统。系统分类的方式有很多，从学科角度，选择下列三种分类方式予以介绍。

（一）自然系统和人造系统

大自然在漫长的发展演化过程中客观存在的、跟人类活动无关的系统，称为自然系统。凡由人工创造的系统为人造系统。我们所介绍的管理信息系统是人们为了管理的需要而建设的系统，属于人造系统。

（二）封闭系统与开放系统

凡系统与环境有输入或输出关系的为开放系统，否则为封闭系统。一般情况下开放系统才有存在的意义。

（三）开环系统与闭环系统

开环与闭环是自动控制系统中的一个术语。系统一般是有输入和输出的，环（loop）指系统的输入和输出之间通过某种方式建立联系而形成的回路。

开环系统是指系统的输入和输出只有顺向作用而没有反向联系，系统既不需要对输出情况进行监测，也不需要将它反馈到输入端与给定输入量进行比较，故系统的输入量就是系统的给定值。开环不能实现自动调节作用。

闭环系统是将系统输出的一部分信号反馈到输出端，与给定输入量比较，而形成偏差信号。系统输入和输出之间既有顺向作用，又有反向联系，可以实现自动控制。

四、系统的一般模型

根据以上系统定义，可以给出系统的一般模型，如图 1.1 所示。

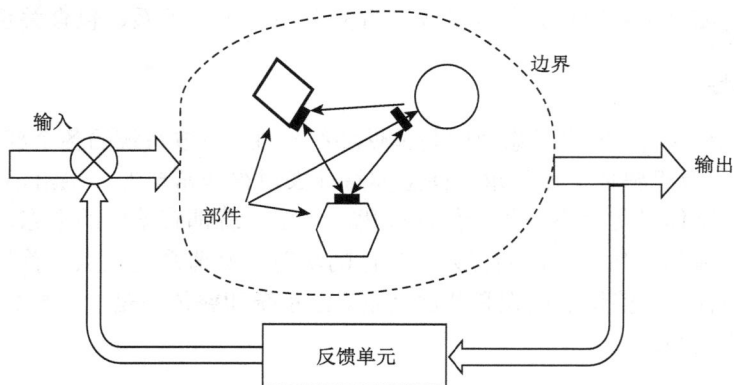

图 1.1　系统的一般模型

封闭的虚线框即为系统的边界，边框内为系统，外面为环境。框内的正方形、六边形和圆形表示不同的部件，部件之间的单向双向箭头表示部件之间的联系和作用。部件上的黑色矩形块为部件之间相互联系的接口。反馈单元把系统输出的一部分反送到输入端，和系统的输入量进行叠加，得到净输入量。

五、系统性能评价

根据系统观点，系统性能好坏主要看系统的目标、结构、接口和操控性四个方面。

（一）目标明确

系统是有目的的，而目的需要通过具体目标来实现。系统设计要在明确理解建设目的的前提下，制定具体目标。系统的好坏要看其运行后达到目标的程度。达到的程度越高，系统就越好。

（二）结构合理

系统的组成部件数量设置合理、冗余少，每个部件分工合理，功能均衡，部件之间联结清晰、作用灵敏，交互流畅，系统整体结构紧凑有序。

（三）接口清晰

系统和系统、系统和环境的边界明确，部件和部件之间的接口清晰，通过哪个部件建立联系，产生作用的节点在哪儿，系统都标示清楚，运行可重复和追溯。

（四）操控简便

人造系统最终是服务于人的，系统用户有使用的强烈意愿。一个好的系统应该具备结构紧凑，人机操控标识直观明确，操作流程简捷有效，输入方便，输出结果直观，控制灵敏等特性。

第二节　信息概述

当今信息时代，信息系统是最常见的一类系统，它既具有系统的所有基本属性，也呈现信息赋予它的特性。为了准确理解信息系统，本节首先介绍信息的基本知识，下节再引入信息系统的概念。

一、信息的概念

"信息"一词我们耳熟能详，也理解大致含义，甚至觉得自己每天都在跟它打交道，但要真正回答什么是信息却有些困难，需要我们深入理解有关信息的知识。

（一）信息与通信系统模型

信息是随着现代社会人们的交往需要而出现的名词。在以往，人们要做什么事情凭着经验就做了，想出远门，带着雨伞盘缠就可以动身。受限于技术手段的古人，不可能在出门前随时获知千里外的天气、道路状况等信息。

19世纪，随着电报、电话的发明，人们彼此交流的距离变得更远、范围更大，对远方发生的事情知晓得更快、更准确，以至于养成做一件事情前先要了解相关情况的习惯。随着人们在这种行事之前想尽量消除一些不确定因素的需求增加，为了提高通信系统的可靠性、有效性、保密性和可认证性，美国数学家香农用数学方法建立了一套描述通信系统运行的理论模型，也就是信息理论。该理论将通信技术、概率论、随机过程、数理统计等学科相结合，逐步发展形成一门新兴科学——信息科学。

香农的通信系统模型指出，通信系统由信源、信道和信宿三部分组成，如图 1.2 所示。

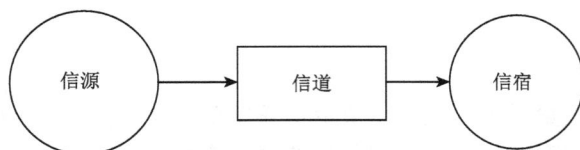

图 1.2　通信系统理论模型

信源：产生消息或者消息序列的来源。

信道：消息的传输通道，是信号由发送端传输到接收端的媒介。

信宿：消息传送的终点，指人或者机器。

在信息引入之前，人们描述的还是消息、信号之类的术语。

在广播、报纸、杂志等广义通信系统中，消息是指包含有信息的语言、文字、图像和符号等，是负责传送信息任务的单个符号或者符号序列。符号序列"明天我要出差"表示我明天的行程安排情况。消息内容虽然具体，载荷了信息，但不具有物理特征，不能在通信系统中传输。为了在信道中传输消息，需要把消息加载到具有物理特征的载体上去，如报纸、电文等，这种载有消息的载体就是信号。

（二）信息的定义

通过香农的通信系统模型，我们可以初步理解信息就是消息中有确定意义的内容。

香农给出的信息定义是：信息是事物运动状态或存在方式不确定性的描述。可以从以下方面理解该定义：一是通信的过程是传输消息，消息的传递过程具有不确定性；二是收信者在收到消息之前，并不知道消息的具体内容；三是收信者在收到消息之后，由于干扰的存在，并不一定能确定所收到的消息是否正确与可靠。所以，通信过程是一种消除上述不确定性的过程。原先的不确定性全部被消除了，就获得了全部的信息；若原先的不确定性没有任何消除，就没有获得任何信息。

关于信息的定义，不同学科有不同的表述。

黄梯云教授认为，信息是关于客观世界可通信的知识。该定义强调信息是客观世界各种事物的特征反映，指出信息是可以被通信传输的，信息的理解形成跟人的知识有关，信息也会形成新的知识。

薛华成教授认为，信息是经过加工后的数据，它对接收者的行为能产生影响，对接收者的决策具有价值。分析了信息和数据的关系，强调信息的有价性。

（三）信息的属性

信息具有以下 6 种属性。

1. 事实性

信息来源于客观事物，是对客观事物的描述，这是信息的核心价值，信息可以存在不确定性，但绝对不允许人为主观臆造虚构。

2. 时效性

信息的时效性是指在一定的时间范围内信息是有效的，过了这个时间段，信息就失去价值。时效性要求对信息的处理要及时，否则就失去意义，轻者会耽误办事，错失机遇，重者给社会、单位造成重大损失。比如极端天气预报信息延误，会造成人员伤亡和财产损失。时效性往往由信息相关的事物性质来决定，如高考填报志愿、研究生招生考试信息，近两年的信息都有一定参考价值，而招聘信息的时效性为几天或几十天。

3. 不完整性

信息的不完整性是指关于客观事实的信息不可能全部获得，这种现象是客观存在的，主要有三方面原因：一是人们获取信息需要有一个过程，因处置时效性需要，要求将获得的部分信息发送出去；二是信息在传输过程中会有干扰和失真，使得信息不完整；三是由于信息存在等级性，对某些人可能只能是部分信息。

4. 等级性

信息本身是没有等级的，但在实际应用中，由于管理的需要，有些信息没必要公开，这就出现了信息的等级性。管理信息通常有战略级信息、战术级信息和作业级信息三种。不同级别的信息使用的人员、涉及的内容、传播的范围、变化的频次都不一样。

5. 可变换性

信息的内容是一样的，但可以用不同的载体来呈现，也就是信息可以变换成不同形式。如同一则新闻稿可以是报纸、语音播报或者电视广播，还可以按照时间序列进行组织变换，处理成二次信息和多次信息。

6. 价值性

信息是有价值的：一是获取、加工信息的过程中人们付出了劳动，产生了价值；二是信息本身可以降低商品成本、扩大销路，带来收益；三是信息是一种资源和商品，可以用来交易。

二、信息的度量

信息既然是关于客观事物运动状态不确定性的描述，那就需要引入概率论作为描述工具，因为事件的不确定程度可以用其出现的概率来描述。我们知道，事件出现的可能性越小，则其概率就越小。香农正是利用概率论，把信源、信道和信宿进行编码，再提出自信息、互信息和信息熵等，对信息进行量化后得到自信息量和互信息量。

跟信息量相关的概率术语有样本空间、概率测度、先验概率、后验概率。

样本空间 X：某事情所有可能选择的消息的集合，即该事物所有可能出现的不同状态，构成该事物的样本空间。每个可能选择的消息，或称一个事件，是这个空间的一个元素。这里注意"事情"和"事件"的关系，一个事情可能有多个事件（状态、消息、样本）。如抛硬币是事情，出现的正面 x_1 和反面 x_2 是做该事情会发生的两个事件，则正面和反面就构成抛硬币事情的样本空间。用数学公式表示为

$$X = \{x_1, x_2\} \tag{1.1}$$

概率测度 p：每个样本出现的概率。如抛硬币事件中，正面和反面的概率测度分别表示为 $p(x_1)$、$p(x_2)$。$p(x_1)$、$p(x_2)$ 的取值均为大于等于 0，小于等于 1，两者之和为 1。

样本空间 P：所有样本出现的概率集合，即 $P = \{p(x_1), p(x_2)\}$。

先验概率：用于通信系统收发消息场景，指发送端的预先选定某个消息样本的概率，如 $p(x_1)$ 或 $p(x_2)$。

后验概率：在接收端收到的消息（设为 y_1）的概率，假设发送 x_1 后，接收端收到的消息 y_1，则后验概率记为 $p(x_1|y_1)$。

后验概率反映了在接收端收到的消息 y_1 后，对于发送端发送的是 x_1，尚存在不确定性。这种不确定性描述为

$$\log \frac{1}{p(x_1 | y_1)} \tag{1.2}$$

（一）自信息量

自信息量是与概率空间中的单一事件相关的信息量的量度。其定义为：概率空间一个事件所包含的自信息数量，只与事件发生的概率相关。事件发生的概率越低，在事件真的发生时，接收到的信息中，包含的自信息越大。如 x_1 的自信息为

$$I(x_1) = \log \frac{1}{p(x_1)} \tag{1.3}$$

自信息量描述了 x_1 本身携带的信息量，只跟该事件发生的概率有关，跟接收端无关。

如果对数的底为 2，则信息量的单位为比特（bit），如果为 e，信息量的单位为奈特（nat），如果取 10，则信息量的单位为哈特（hart）。

（二）互信息量

接收者收到消息 y_1 后，将事件 x_1 先验的不确定性，也就是自信息减去尚存的不确定性定义为收发者之间的互信息，记为 $I(x_1; y_1)$，则有

$$I(x_1; y_1) = \log \frac{1}{p(x_1)} - \log \frac{1}{p(x_1 | y_1)} \tag{1.4}$$

互信息量就是接收者获得的信息。

（三）信息熵

熵（entropy）是热力学中的一个物理量，是由德国物理学家克劳修斯于 1865 年所提

出，描述一个热学系统内在性质的变化。熵表示该系统杂乱无章的程度，熵值越大系统就越无序、越混乱。1948 年，香农将熵的概念引申到通信过程，提出了信息熵。

信息熵是某一事情对某人不确定性的度量。一个事情包含多种可能的事件，每个事件都具有各自的不确定性，将所有事件可能发生的概率乘以该事件的不确定性，再将他们相加，就得到了这个事情对某人来说的平均不确定性，这就是信息熵。信息熵可表示为正反面事件自信息量的数学期望：

$$H(X) = p(x_1)\log \frac{1}{p(x_1)} + p(x_2)\log \frac{1}{p(x_2)} \tag{1.5}$$

结合上面我们所说的信息量，熵在数值上等于消除某件事情不确定性所需要的平均信息量。

熵的极值：当所有事件等概率出现的情况下，熵达到最大值，也就是说所有可能的事件等概率时不确定性最高。

一般来看，设要传送的信源为事情 X，该事情有 n 个事件 x_i，即

$$X = \{x_1, x_2, \cdots, x_n\} \tag{1.6}$$

每个事件发生的概率为 $p(x_i)$，E 为统计平均值，则信息熵为信源各个事件的自信息量（不确定度）的数学期望，即

$$H(X) = E(I(x_i)) = E\left(\log_2 \frac{1}{p(x_i)}\right) = -\sum_{i=1}^{n} p(x_i)\log_2 p(x_i) \tag{1.7}$$

第三节　信　息　系　统

系统的种类很多，每一种类型的系统都有自己存在的目的、组成结构和外部形态，信息系统就是其中的一种。广义的信息系统具有信息的产生、传递和接收的部件和功能，不仅仅是人类，动物和植物界也具有类似部件和功能，如蚂蚁、狮子通过气味建立同伴之间的联络，熟香蕉可以释放一种气味催熟生香蕉等。

以计算机技术和网络通信技术为代表的信息技术的广泛应用，改变了人们的生活工作方式，如通过计算可以更快更准确地预测未来几天的天气，人们自然会想到如何把这些信息技术应用于生产中去，信息系统建设的需求呈爆发式增长。从大型的商业、交通、金融、通信等信息系统到企业内部的人力资源管理、库存管理等小型信息系统都得到建设和应用。在互联网和移动终端时代，信息系统进一步给人们的出行、交往、学习、生活、工作方式带来深远影响。本书所指的信息系统专门指人类使用的人机系统。

我们学习信息系统，要把信息的特征和系统的基本要素有机结合起来，以信息处理视角去思考系统构建，用系统的观点分析信息系统的组成结构和运行方式。

一、什么是信息系统

我们可借助系统的定义，从目的、组成部件、部件之间的相关性、整体性来给信息系统下定义。

（一）信息系统的目的

毫无疑问，信息系统的目的是向用户提供所需要的信息，也就是尽量消除使用者在他所关注的领域或者从事的工作中的相关事件存在的不确定性。例如，企业运行过程中，企业内部的财务状况、人力资源状况，企业外部原材料供应商和汇率情况等，管理者希望随时调看这些实时、动态信息，以便安排原材料采购、生产和销售，这就需要尽可能消除财务、人事、采购、生产、销售等方面的不确定性。

信息系统的目的性体现在三个方面：一是目的跟信息系统的应用密切相关，目的是为应用而存在的，所以，我们建立一个信息系统，一定要明确其背景缘由；二是目的的表述，在系统使用场景还没有具体明确时用"提供信息"或"消除事情的不确定性"，如果已经明确是什么信息系统，可以用最终目的来表述；三是目的性直接决定信息系统的结构和功能，不同的目的，所采用的部件、功能结构是不同的。在做系统规划设计时要根据其目的来着手进行。

（二）信息系统的组成部件

在系统定义中只是抽象地提及了部件，并没有说是什么部件。不同的系统其组成部件是不同的，如消化系统的部件有口腔、咽、食道、肠胃、胰腺等器官组成，信息系统的组成部件是可以具象化的，就是围绕消除事情的不确定性，需要收集、处理、输出信息的硬件、软件、环境、物资和人员等，其中硬件和软件还可以进一步细分，如硬件可分为主机终端、通信网络、存储器等，软件可分为操作系统、数据库管理系统、应用程序。部件虽然交代清楚了，但这些部件到底属于谁却还是抽象的，所以没有提供具体的应用场景，往往用"组织""机构"来做主宾表述。

（三）部件之间的相关性

根据香农的通信系统模型，信息系统组成部件之间的相互联系和相互作用可以从信源、信道和信宿来建立（设计建造时）或者发现（分析使用时）。要加工处理信息，得有信息源，信息要传输必须有传输通道，软件要有硬件的支持才能运行，硬件的配置需要相应版本的软件来协调运行，等等。这种部件之间的联系和作用往往体现出信息系统的功能，如信息收集、加工、存储、传递、输出和控制。

（四）信息系统的整体性

信息系统的整体性体现在人机的有机融合、部件之间的协调配合和运行应用时的灵敏高效。信息系统是以人为主导的计算机设备、网络通信设备、各类终端等人机系统，整体性表现在物理上的整体性和组织上的整体性。在一个组织内部，这些设备可以分布在不同的位置，由不同的人使用，完成的工作任务各不相同，但设备的统一管理、数据的监测、运行制度的建立往往都是由类似"信息中心"或者"网络中心"这样的组织进行管理。

综合以上四点，作为继承了系统基本属性的信息系统定义如下：信息系统是为了消除人们对所关注的事件的不确定性，由人、硬件、软件和相关资源组成，并相互联系和相互作用，具有信息的收集、加工、存储、传递、输出和控制等功能的人机系统。

二、信息系统的类型

信息系统分类可以按使用的目的和业务性质划分成作业信息系统、管理信息系统和知识管理系统。

（一）作业信息系统

作业信息系统是相对管理信息系统而言的，该系统主要面向基层组织、生产一线部门的业务、控制生产过程，支持办公事务、数据的归档分类、台账处理、数据库和各类 App 的更新发布。作业信息系统通常又分为以下三部分。

1. 业务处理系统

业务处理系统面向业务过程，目标是迅速、及时、准确地处理大量的信息，如图书馆接受图书捐赠、人力资源部的招聘信息发布、应聘人员资料的归类存档等。业务处理系统还生成动态数据，这些数据汇总后，可供管理人员使用，提高管理工作的效率和水平。

2. 过程控制系统

过程控制系统中的过程指的是业务处理的流程步骤，这类系统大多出现在制造企业的生产车间，信息来源既有人工产生的，也有生产线上的传感器感应出的状态信息。系统利用这些信息派发生产任务、监测流水线、协调各个工序的衔接，生成统计报表。

3. 办公自动化系统

办公自动化系统用途最广，不同行业、部门都设有办公室，且办公室业务大多相似。这类系统往往应用先进技术和自动化办公设备，支持机构的高效运行。这种系统较少涉及管理，由于办公室打交道的部门多，信息来源分散且杂乱，要求处理及时精准，界面友好，操作方便。

（二）管理信息系统

管理信息系统是面向管理的，其用户都是组织的中层、高层管理人员。管理信息系统为用户提供辅助管理和决策服务。

（三）知识管理系统

知识管理系统是近年来逐渐被人们认识并不断普及的信息系统，这类系统是组织内全员皆用的系统，个人使用个人受益，集体使用部门受益，领导使用组织受益。

虽然在一些场合，知识、信息和数据及三者之间的关系被分辨得十分清楚，但从机器处理角度，知识最终被处理成数据。知识管理系统是收集、处理、传播、分享一个组织的全部知识信息的管理系统，其目的是把人类的显性和隐性知识收集、存储、传播利用，优化组织机构内部知识的产生和传递，从而改变机构的业务过程和管理方式，帮助机构及时调整策略，增加机构价值。

三、信息系统的发展

信息系统的发展是依托以计算机为代表的信息技术发展而发展的。信息系统总是把人的需要和机器、设备、环境有机地融合在一起，经历了由单机、联机到网络，由电子数据处理到管理信息系统，再到决策支持系统，由数据处理到智能处理这一从低级到高级的过程。大致经历了以下几个阶段。

电子数据处理系统（electronic data processing system，EDPS）。电子数据处理系统也叫事务处理系统（transaction processing system，TPS）。在 20 世纪 50 年代初期，随着计算机的普及应用，人们把很多繁杂的数据处理交由计算机来完成，如制造业的原材料采购单的编制、销售活动中的订单统计、员工工资发放等，但报表打印后还是由人工传递到相关部门。当初的数据传输主要是依托语音话务网络进行简单的报文收发，后来被一些企业开发成可以远程电子数据交换的商务应用系统（电子商务的雏形）。由于这类数据和生产、销售密切相关，基本是实时处理，属于业务层面的工作，具有一定的计划和控制功能。

管理信息系统（management information system，MIS）。计算机的大批应用不仅催生了大量数据处理系统的开发，也刺激了数据传输共享的需求，很快出现了联机系统和局域网，特别是随着互联网的兴起，利用计算机硬件、软件、网络通信设备以及其他办公设备，可以实现计划、控制、组织等管理功能，这样以管理为目的，可以进行信息的收集、传输、加工、储存、更新、拓展和维护的系统被公众认同。

决策支持系统（decision support system，DSS）。决策支持系统是管理信息系统应用概念的深化。管理信息系统在一些组织机构的成功应用，给管理者带来很多启发，面对来自组织机构外部的国际经济形势和国内政策环境，内部的非结构化、多目标的并行管理等复杂的决策问题，他们希望系统能够更加专业和精准，如果能作为智库就最好不过了。在此背景下出现了决策支持系统。

决策支持系统是以信息技术为手段，应用决策科学及有关学科的理论与方法，以人机交互方式辅助决策者解决半结构化和非构化决策问题的信息系统。

思考与练习题

1. 如何判断一个系统是不是系统？
2. 系统的目的和目标有何不同？两者是什么关系？
3. 什么是系统的结构和功能？两者之间有何关系？
4. 如何评价一个系统的优劣？
5. 试用系统的观点阐释个人职业生涯规划的必要性。
6. 信息有哪些特性？
7. 如何理解信息熵？
8. 信息系统常见的组成部件有哪些？

第二章　管理信息系统概述

本章在信息系统概念的基础上，通过介绍管理的基础知识和阐述信息系统和管理的相互关系，引入管理信息系统的概念。列出国内外学者关于管理信息系统的观点，用系统的观点给出管理信息系统的定义，分析管理信息系统的特点，阐明管理信息系统应用的环境条件。阐释管理信息系统的概念结构、逻辑结构和物理结构，从服务对象角度对管理信息系统进行分类，最后阐述管理信息系统的生命周期。

第一节　管理基础知识

为引入管理信息系统的概念并便于理解它，同时也为了知识的系统性，我们先介绍管理的基础知识，学过"管理学"课程的读者可以忽略本节，没有学过的可以了解什么是管理，管理的基本职能，管理的性质和目的等相关内容，将有助于后面内容的学习。

一、管理的定义

现代国内外很多管理先驱和管理科学领域的诸多学者都提出了有关管理的观点，主要包括以下几方面。

现代管理理论创始人、法国实业家亨利·法约尔 1916 年提出，管理是所有人类组织都有的一种活动，这种活动由五项要素组成：计划、组织、指挥、协调和控制。

美国管理学家弗雷德里克·泰勒认为，管理就是确切地知道你要别人干什么，并使他用最好的方法去干。在泰勒看来，管理就是指挥他人用最好的办法去工作。类似的观点还有美国的管理学学者斯蒂芬·罗宾斯，他认为，所谓管理，是指同别人一起，或通过别人使活动完成得更有效的过程。

我国著名学者周三多对管理定义为，管理是管理者为了有效地实现组织目标、个人发展和社会责任，运用管理职能进行协调的过程。这句话包含四层意思：管理是人类有意识、有目的的活动；管理应当是有效的；管理的本质是协调；协调是运用各种管理职能的过程。

概括以上观点，结合过去和现在的社会生产实际，对管理一词可以有四个方面的理解：一是管理的主体是管理者，或者说是管理者实施管理，隐含的含意是在一定组织范围和业务内，不是每个人都是管理者，从事管理工作的人需要具备一定的被他人认可的能力；二是管理的载体是组织，管理者通过设置一定的组织来实施管理；三是管理的对象是相关资源及围绕资源而产生的活动或者行为，相关资源中包括人力资源；四是管理是一种有目的、有效益、有意识的活动，好的管理活动往往是主动积极的。

为便于学习交流，本书给出管理的定义如下：

管理是为了达到某一目标，在一定组织范围内，借鉴、运用有关思想、理论和方法，对所辖的资源及其活动进行有意识的计划、组织、指挥、协调和控制，以获得最大最好的投入产出比。

二、管理的要素与职能

（一）管理的要素

管理的要素即为开展管理所具备的条件，也叫管理的组成部分。一般由管理主体、管理客体、管理目标、管理理论和管理方法五个部分构成，是管理信息系统理论的重要内容。

1. 管理主体

管理主体是行使管理的组织、集团或个人，是管理的发起者，这个角色一般由某种机制选拔或者指派，也有在长期经营过程中自然形成的。

2. 管理客体

管理客体又叫管理的对象或者资源，是管理主体所辖范围内的一切对象，包括人群、物资、资金、科技和信息等。管理客体的规模、行业和等级对管理客体有不同的要求。

3. 管理目标

管理目标是管理主体根据实际环境条件和管理能力，设定的未来要达到的预期指标，是管理的出发点和归宿。管理目标往往分为总体目标和子目标，如管理者的任期目标和年度目标，组织机构整体目标和各部门目标。

4. 管理理论

管理是一门科学，管理活动的实施需要有相关概念与原理、规范体系等理论的指导，这些理论是设定管理目标、选择管理策略和方法的依据。

5. 管理方法

管理方法是指管理主体对管理客体发生作用的途径和方式，包括行政方法、经济方法、法律方法和思想教育方法。

（二）管理的职能

管理的职能是指管理者所具备的知识、技能，行为与态度的组合，对外呈现的作用和功能。一般有计划、组织、领导和控制四项基本职能。

1. 计划

计划是为实现组织既定目标而对未来的行动进行规划和安排的工作过程。在具体内容中，它包括组织目标的选择和确立，实现组织目标方法的确定和抉择、计划原则的确立、计划的编制以及计划的实施。计划是全部管理职能中最基本的职能，也是实施其他管理职能的条件。计划是一项科学性极强的管理活动。

2. 组织

为实现管理目标和计划，就必须设计和维持一种职务结构，在这一结构里，把为达到目标所需要的各种业务活动进行组合分类，把管理每一类业务活动所需的职权授予主管这类工作的人员，并规定上下左右的协调关系，为有效实现目标，还必须不断对这个结构进行调整，这一过程即为组织。组织为管理工作提供了结构保证，它是进行人员管理、指导和领导、控制的前提。

3. 领导

管理者利用组织所赋予的权力去指挥，影响和激励组织成员为实现组织目标而努力工作的过程称为领导。领导的具体职能还分为指挥职能、协调职能、激励职能、决策职能。

4. 控制

控制是按既定目标和标准对组织的活动进行监督、检查，发现偏差，采取纠正措施，使工作能按原定计划进行，或适当调整计划以达预期目的。控制工作是一个延续不断的、反复发生的过程，其目的在于保证组织实际的活动及其成果同预期目标相一致。

三、管理和信息系统的关系

管理是人的主观行为，为了达到预期目标，总是希望管理职能得到最好的发挥，并为此不断谋求使用先进的方法和工具。信息系统是人们运用现代先进的科学技术为达到自身目的建造的人机系统，应用于管理是发展的必然。

（一）管理需要信息系统

以互联网为代表的现代科学技术迅猛发展，带来了世界经济结构和格局的变化，现代管理环境也发生了一系列变化，集中表现在经济全球化和知识经济的崛起。这些变化使得管理必须依靠信息系统的支持，才能进行下去。

1. 经济全球化带来的环境变化需要信息系统支持

在经济环境方面，主要表现为经济全球化和经济一体化，任何个体组织必须把自身的发展目标和管理行为融入这个大环境中去，才会实现长远的发展。

技术环境的变化更是有目共睹。生物技术、新材料技术、新能源技术、空间技术、海洋技术和信息技术等发展日新月异，不仅为管理开拓了广阔的舞台，而且给管理带来了新的思想和理念。

法律环境的变化表现在人们的法治观念增强和自我保护意识提高，在这个全民知法守法的环境下，管理制度的建立和实施能得到大众的理解和支持。

社会和文化环境的变化是由于经济全球化和网络通信技术的应用，使实体和虚拟的跨国交流越来越频繁，虚拟社会和现实社会相互交融，同时国家之间、民族之间的文化渗透和冲突加剧，管理的复杂性加大。

以上环境的变化还会对管理思想、组织结构和管理方法带来影响。

综上所述，和传统的管理相比，当今管理出现广、杂、精、快等方面问题，即管理涉及的地域、行业、人员信息更加广泛，问题处置流程不确定性因素更加复杂，管理业务中的数据处理要求更加精准，管理的职能发挥要更加快捷，这些问题大大超出了传统的管理能力范畴，必须借助信息系统的信息采集、存储、传输、分析等功能来辅助解决。

2. 知识经济发展依靠信息系统

人类继农业经济、工业经济之后，又出现了知识经济形态。知识经济是以知识为基础，以人的脑力劳动为主体的经济，其主要特征是知识成为经济活动的核心要素，利用科学、技术和能力不仅能大大提高传统生产要素的生产能力和速度，而且还能创造出新的产品，知识创新成为经济增长的主要动力，高新技术产业成为支柱产业。

计算机、网络通信等信息技术和信息系统是知识经济发展的基础，其应用加速了知识的传播和商品化。当今很多世界科技企业如微软、谷歌、腾讯、字节跳动等，其产品和服务本身就是一个庞大的信息系统。几乎所有组织机构不同程度地建立了自己的信息系统，以类似虚拟团队和远程协同等形式开展知识学习和管理，维系着日常业务的高效运行，或者产生出良好的经济效益。

（二）信息系统能有效支撑管理

上面介绍了管理需要信息系统的支持，事实上信息系统也能对管理的职能提供强有力的支撑，主要体现在以下几方面。

1. 信息系统对计划职能的支持

计划是对未来工作做出的安排，往往是人们开展一项活动的必要步骤。计划的内容包括目标、内容、原因、参与的人员、行动地点、工作的方式及手段，牵涉到人力、物力、财力等资源的调配使用。一般来说，一项工作的规模越大，计划就显得越重要。在没有信息系统的情况下，人们是依据历史资料和掌握的部分数据，凭经验和人工估算来做计划的，在执行过程中，通过追加、变更等调整手段，加上必要的时间消耗，来弥补计划的缺陷，保障目标的实现。但如今情况已大不一样：一是工作涉及面广，项目对外要对接不同的机构、众多的供应商等，对内要牵扯到不同部门、各个流程；二是变化太快，如季节气候、汇率利息、产品升级换代、物资价格波动等，不确定因素增多。同时要求工期短、质量高、进度透明，传统的计划方式已不适应当今需求，而应用信息系统就很容易应对这些变化。

信息系统支持计划过程中的数据存取、快速计算、预测分析和比对优化。如信息系统的数据存储查询功能可以为计划提供精准的数据存取，速度快、节省时间，历史数据越多，越显示出优越性。信息系统的计算统计功能为计划的报表编制、修改提供便利。通过信息系统的模型，设置变量参数可以做出分析预测供参考。将计划执行的实际情况、面临的变化和原先的计划进行比较，从而对计划进行优化调整。现在云计算的应用，使得数据来源更广、更及时，支持计划跨度的时期更长，预测更接近实际。

2. 信息系统对组织职能的支持

计划的执行要靠员工的合作，根据工作的需要设置工作岗位，招聘选用合适的人员来上岗，用制度规定各个成员的职责和隶属关系，形成一个有机的组织结构，并协调有效地运转。"组织"一词具有名词和动词两种词性，信息系统都能很好地提供支持。

一直以来，不同的行业、不同部门的组织结构和组织职能虽然不同，但一些组织结构具有相似的职能作用。如人力资源部、财务管理部、信息中心、后勤保障部、财务部等。对于这种组织形态，信息系统可以把实体组织结构及各部门负责人的职责分工、办事流程和具体业务等信息以图形、表单、文字或者应用程序（App）的形式映射到网上，供公众查询、使用。信息系统底层的数据可以共建共享，用户安全权限和实体组织一致。

作为一种组织行为，信息系统利用其信息传递速度快，既可一对多又可一对一的特点，在很快的时间内发起组织一项活动，活动的组织过程和数据记录可以保存并追溯，大大提高组织效率。如现在可以通过各种专用会议、即时通信软件，发起线上线下会议，布置工作任务，可以解决传统组织无法解决的问题，如突发事件当中人们不能面对面开展工作的情况。

3. 信息系统对领导职能的支持

领导的核心是决策，和传统的领导职能相比，信息系统能为决策者提供有用的信息和辅助决策工具。决策的一般过程是发现问题、确定目标、拟订方案、分析评估、方案选优。信息系统可以实现"自上而下"的问题发现和"自下而上"分层解决。在发现问题方面，信息系统每天给决策者提供组织外部和内部的最新动态信息，出于决策者的岗位职责和基本业务能力，可以发现像商机或者风险之类的战略性问题，还可以发现内部管理中影响整个目标实现的盲点和弱点。这些问题还可通过信息系统提交到各管理层供大家讨论、商议。在解决问题时，各管理部门针对问题，开展线上线下的调研分析，提出解决方案。遇到需要多个部门协调解决的问题时，还可以提出多个解决方案供领导选择。

4. 信息系统对控制职能的支持

人们在执行计划过程中，由于受到各种因素的干扰，实际情况常常偏离原定计划，这一现象具有客观性，无论计划如何周密都不可避免，正如人们常说的"计划没有变化快"，所以在管理过程中需要加以控制以实现目标。信息系统可以利用其快速的数据收集功能获取实际状态数据，及早实施控制，利用分析统计功能确定调整的强度和持续时间，从而从整体上保证实际运行情况围绕原来的计划指标小幅波动，如图2.1所示。

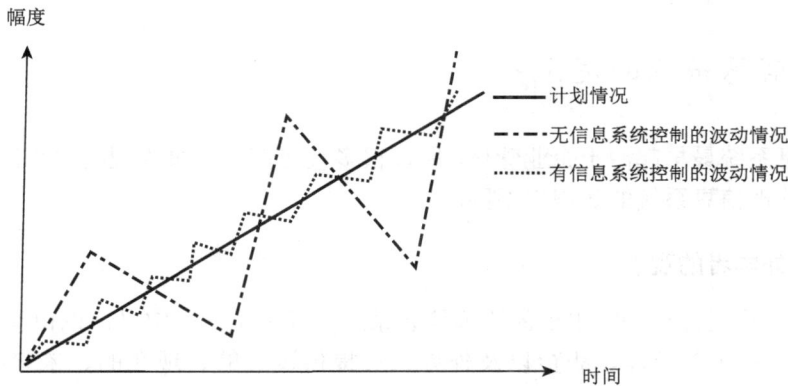

图 2.1　采用信息系统控制的波动幅度

信息系统控制的内容通常有以下几方面。

1）资源配置控制

在信息系统中，组织内的地域空间资源、人力资源和财力物力资源的数量、位置及其相互关系和操作调用权限等数据都存储在数据库里，当人力资源或物力资源不足时，系统及时提示补充，从而保证实际运行的需要。

2）行为过程控制

传统的业务流程和工序因岗位设置的局限和状态数据的不透明，往往是刚性的，一旦某个环节停止运行，会导致上下游出现拥挤、停滞等状况，造成作业中断，影响生产效益和质量。信息系统可以通过看板系统随时监测生产状态，并可准确预测恢复时间，可以优化重组相关流程，大大提高生产效率。

3）数量质量控制

对于贸易或者制造型组织，由于其业务的季节性强，原材料供应和产品销售随市场波动影响大，导致生产或者进货数量不符合预期，提高了成本，影响了质量。信息系统利用可靠的历史数据、生产台账、进销存数据等，调整生产计划，预测市场份额，优化发货策略。

从管理和信息系统之间自然融合的关系来看，信息系统应用于管理促进其分支的出现——管理信息系统。几十年来，无论是从管理实际还是学科发展现状，管理信息系统已经发展成熟。

第二节　管理信息系统的概念

本书还是从系统的角度来思考什么是管理信息系统。信息系统是系统的一个子集，在目的、作用和组成部分确定的前提下，依据信息的特征给出了明确的定义，但信息系统也是一个复杂的系统。将信息系统应用于管理，即管理信息系统也是信息系统的一个子集，该系统的目的、结构、功能更具体、明确，应用的范围比信息系统小（尽管管理信息系统也是一个庞大抽象的系统）。由于现代管理的需要，管理信息系统已被各行各业广泛认同，并得到广泛应用。

一、管理信息系统的定义

管理信息系统最早起源于企业管理,所以很多观点都是从事管理的学者提出的。不同学科背景对管理信息系统的认识也不同。

(一)国外学者的观点

1970 年,肯尼万给刚刚出现的管理信息系统一词下了一个定义:以口头或书面的形式,在合适的时间向经理、职员以及外界人员提供过去的、现在的、未来的有关企业内部及其环境的信息,以帮助他们进行决策。在这个定义里强调了用信息支持决策,是从管理角度理解的管理信息系统,但并没有强调应用模型,没有提到计算机的应用。

1985 年,管理信息系统的创始人,明尼苏达大学的管理学教授戴维斯给了管理信息系统一个较完整的定义,即管理信息系统是一个利用计算机软硬件资源,手工作业,分析、计划、控制和决策模型以及数据库的人机系统。它能提供信息支持企业或组织进行运行管理和决策。这个定义全面地说明了管理信息系统的目标、功能和组成,而且反映了管理信息系统在当时达到的水平。

(二)我国学者的观点

20 世纪 80 年代初,管理信息系统作为一门交叉科学,被我国从事管理学、信息科学和系统科学的学者们引入国内。典型的定义如下。

薛华成教授在《管理信息系统》一书中定义:管理信息系统是一个以人为主导,利用计算机硬件、软件、网络通信设备以及其他办公设备,进行信息的收集、传输、加工、存储、更新和维护,以企业战略竞优、提高效益和效率为目的,支持企业高层决策,中层管理,基层运作的集成化的人机系统。

这个定义也说明管理信息系统绝不仅仅是一个技术系统,而是把人包括在内的人机系统,因而它是一个管理系统,是一个社会系统。

(三)普适性定义

管理信息系统发展至今,不仅在企业发挥作用,而且在政府部门、学校、研究所等机构大量使用,成为一个非常普及常见的系统。忽略其应用场景,我们可以给出普适性定义如下。

管理信息系统是为了提高所在机构的管理效率,由人、计算机和通信网络等信息化硬件、软件组成,具有管理信息的收集、存储、加工、传递、输出和控制等功能的人机系统。

该定义继承了系统的特点,指明管理信息系统的目的、组成、功能等系统的基本要素,强调该系统是应用于管理的信息系统。如果读者明确了本书有关系统概念的逻辑线索,也可以自己给管理信息系统下定义。

二、管理信息系统的特点

（一）特定的应用场景

顾名思义，管理信息系统是用于管理而不是生产作业，系统的所有功能都是为管理职能服务的，其最终目的是辅助管理决策，这是我们判断管理信息系统的重要依据。

（二）专门的组成部件

管理信息系统组成部分首先是人，然后是以计算机、通信网络等现代化的信息技术设备及运行环境所组成。人决定管理信息系统的基本架构和建设质量，还决定系统的使用产出效益。设备施加于管理信息，形成人机有机融合的整体，以消除管理过程中有关信息的不确定性，辅助管理决策。运行环境包括当时的技术环境、社会环境和机构内部管理制度等。

（三）开放的管理思想

管理信息系统发挥作用需要嵌入许多管理决策模型，学习借鉴先进的管理思想，还要不断关注信息化发展前沿，把先进的技术和产品引入系统，不断提高系统性能。因此，管理信息系统建设不会是一蹴而就的事情，需要按照生命周期不断迭代优化。

（四）多学科交叉融合

管理信息系统的理论和构建涉及系统科学、管理学、信息科学、计算机科学、行为科学、应用数学、运筹学等学科。其理论体系还处于发展和完善阶段。

三、管理信息系统的应用条件

大量的研究与实践表明，管理信息系统在我国应用的成败并不单单取决于技术、资金、互联网系统、应用软件、软件实施等硬环境，还取决于机构的管理基础、文化底蕴等软环境，而且这些软环境往往起着更重要的作用。管理信息系统是一个人机管理系统，管理信息系统只有在信息流通顺畅、管理规范的组织机构中才能更好地发挥作用。

（一）规范化的管理体制

从目前国内一些企事业单位的情况来看，通过组织内部的机制改革，明确组织管理的模式，做到管理工作程序化、管理业务标准化、报表文件统一化、数据资料完整化与代码化是成功应用管理信息系统的关键。如企业的管理信息系统必须具有市场信息管理、财务管理、原材料供应与库存管理、成本核算管理、生产计划管理、产品质量管理、人事与劳资管理、生产与管理流程管理等功能，而且所有功能都应该与总体目标相一致，否则很难建立起一套切合企业实际、能够真正促使企业实现现代化管理的高效管理信息系统。

（二）具备实施战略管理的基础或条件

　　管理信息系统的建立、运行和发展与组织的目标和战略规划分不开。组织的目标和战略规划决定了管理信息系统的功能和实现这些功能的途径。管理信息系统的战略规划是关于管理信息系统的长远发展计划，是组织机构战略规划的一个重要组成部分。这不仅因为管理信息系统的建设是一项耗资巨大、历时长远、技术复杂的工程，更因为信息已成为机构的动脉，管理信息系统的建设直接关系着本机构能否持久创造价值，能否最终实现自身管理目标。一个有效的战略规划有助于在管理信息系统和用户之间建立起良好接口，可以合理分配和使用信息资源，从而优化资源配置，提高生产效率。一个好的战略规划有助于制定出有效的激励机制，从而激励员工更加努力地工作，同时还可以促进机构改革的不断深化，激发员工的创新热情。而这些正是建立管理信息系统的必要条件。离开良好的战略管理环境，管理信息系统的实施即使可以取得成功，也不可能长久。

（三）挖掘和培训一批能够熟练应用管理信息系统的人才

　　一个项目能否得到成功实施，在很大程度上取决于其人才系统运行的状况和人才存量对项目目标、组织任务的适应状况。要在机构中成功实施信息化管理，就要求机构配备相应的技术与管理人才，可以通过两个途径来解决这个问题：招聘引进外来人才；培训自己内部现有人才。

（四）健全绩效评价体系

　　实施管理信息系统是一场管理革命，必须有与之配套的准则把改革成果巩固下来。总体来说，健全的评价体系应该做到：有助于激励员工最大限度地为本机构创造价值；有助于将本机构信息化与发展战略有机结合起来；有助于对绩效进行纵、横向比较，从而找出差距，分析原因；有助于合理配置信息化建设资源。当然，这些目标的实现还取决于绩效评价体系中的指标体系、配套的奖惩制度与监督制度等。机构是否具备建立管理信息系统所必需的绩效评价体系，要结合机构现状和同行业的相关数据进行分析，并且在实施过程中不断进行检验。在推行管理信息化过程中一旦发现问题，就应当及时予以改进与完善。

第三节　管理信息系统的结构

　　管理信息系统的结构包括其组成部分及其相互关系，下面从概念结构、逻辑结构和物理结构介绍管理信息系统的结构。

一、管理信息系统的概念结构

　　从概念上讲，管理信息系统的运行环境就是当时所在的社会经济和科学技术发展环境。管理信息系统的概念结构如图 2.2 所示，其中，信源为系统作用的业务和环境，内部业务开展过程中会产生各种信息，信宿为本系统的所有用户，通过信道获取信息，发挥自己的功能，为达到目的做出贡献。

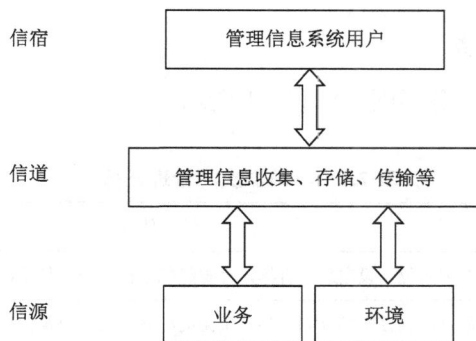

图 2.2　管理信息系统的概念结构

二、管理信息系统的逻辑结构

管理信息系统的逻辑结构是从管理角度，按管理层次和管理职能把系统分成若干个逻辑单元，分别实现各自功能，并和其他单元保持相互联系，产生相互作用。

（一）基于管理任务的层次结构

一般的组织机构按照管理任务分为战略管理层、管理控制层、运行控制层和业务处理层，管理信息系统也具有这种层次结构，如图 2.3 所示。

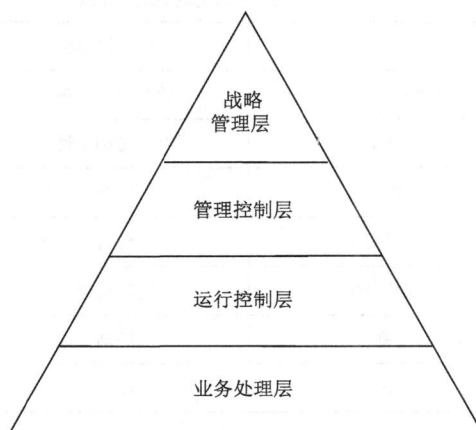

图 2.3　管理任务的层次结构

把管理任务的层次画成金字塔形状可以从两个角度来理解。一是完成相应任务的工作内容、工作方式和工作性质不同，战略管理层完成的决策性的管理工作，属于最高层次的管理，其支持基础是管理控制层。业务处理层属于最基层的工作，中间的管理控制层和运行控制层属于中层。二是从上到下从事相应工作的人员数量越来越多，工作量越来越大。

1. 不同层次的管理任务

不同管理层次的管理任务不同，如表 2.1 所示。

表 2.1　不同层次的管理任务

管理层次	管理任务
战略管理层	确定本单位的发展定位，设定总体目标，设置组织架构，干部任用，决策
管理控制层	明确部门岗位职责，制订部门计划，各种资源的配置，提供决策信息
运行管理层	利用配置的资源和下达的计划开展活动，运行数据汇总和上报
业务管理层	和本部门相关的各项业务流程处理

管理层次依据组织机构的规模可以有不同的层级，一般规模越大，层级数也越多，层数多了之后，管理调度变得复杂，指令的上传下达变慢，增加了管理成本，整个运转机制也不灵敏，现代管理理念中的组织结构扁平化，就是减少管理层次，管理信息系统可以很容易实现这一理念。

2. 不同管理层次的信息特性

不同管理层次对信息的需求是不同的，信息的特性也不相同，如表 2.2 所示。

表 2.2　不同管理层次的信息特性

信息特性	运行控制层	管理控制层	战略管理层
来源	组织机构内部	组织机构内部	组织机构外部
范围	确定	有一定确定性	宽泛
抽象性	微观	中观	宏观
关注的时期	历史	综合	未来
流通性	经常变化	定期变化	相对稳定
精确度	高	较高	低
使用频次	高	较高	低

表 2.2 中各角色所需的信息特性很好理解，机构的决策层往往注重宏观信息，如国家政策、银行汇率、高新技术产品、所在行业动向等，这些信息有助于决策者把握社会发展

趋势和经济发展方向，信息也只有从外部才能获取。同样地，作为基层，其职责是把本职工作做好，在规定的时间完成每天的工作任务，信息及其处理大多都发生在本单位内部。

在规划、设计和使用管理信息系统时，要明确不同层次的用户角色，根据角色所需要的信息配置相应的系统管理模型，分配不同的操作权限。

（二）基于管理分工的功能结构

按照现有社会生产关系和运行体制，一个组织机构都设有不同职能部门，管理信息系统一般也会把这种组织架构用相应的功能体现出来。一般的功能结构有管理决策、人事管理、办公系统、财务管理、后勤保障管理、信息中心、业务系统、输入管理和输出管理，如图2.4所示。

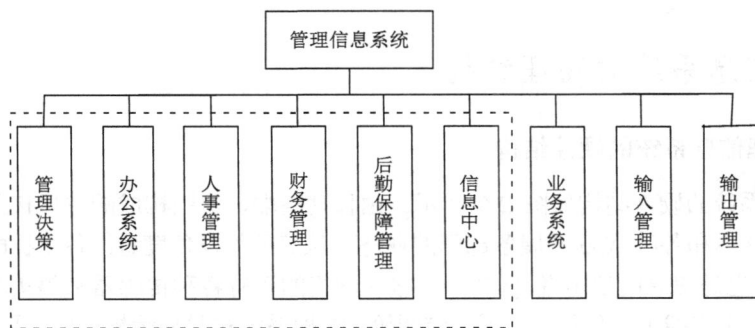

图2.4　管理信息系统的功能结构

虚线框中的管理决策、办公系统、人事管理、财务管理、后勤保障管理、信息中心是大多机构都设置的部门。

业务系统和输入、输出管理部门体现了机构的性质和主要业务，还可以进一步细分。如对于高等院校，业务系统是培养人才，可细分为教务部、科研部、学生工作部等，输入、输出管理主要是招生就业。对于制造型企业，业务系统则是生产制造，可细分为物料供应、生产车间、质检库存等，输入一般是原材料采购，输出是产品销售。

在对某机构进行管理信息系统规划设计之前，都需要对该机构做调研，调研的一个重要内容就是该机构现有的组织架构，因为整个机构的管理都是由各个职能部门来完成的，所以每个部门都有自己的业务流程、数据交换接口，在设计时可以优化职能结构。

（三）管理信息系统的综合结构

把以上两种结构综合起来考虑管理信息系统的结构是非常必要的：一是各功能结构既要有对上级管理部门提供决策信息，又要对接所管理的业务，本身存在一定的层次分工；二是管理决策者都会和各功能部分有联系，如决策集团经常分工某人分管哪几个部门；三是按照层次和功能纵横组合分析，有助于细化、发现系统子功能模块，便于系统功能的调配组装。管理信息系统的综合结构如图2.5所示。

	管理决策	办公系统	人事管理	财务管理		其他部门
战略管理层					......	
管理控制层					......	
运行控制层					......	
业务管理层					......	

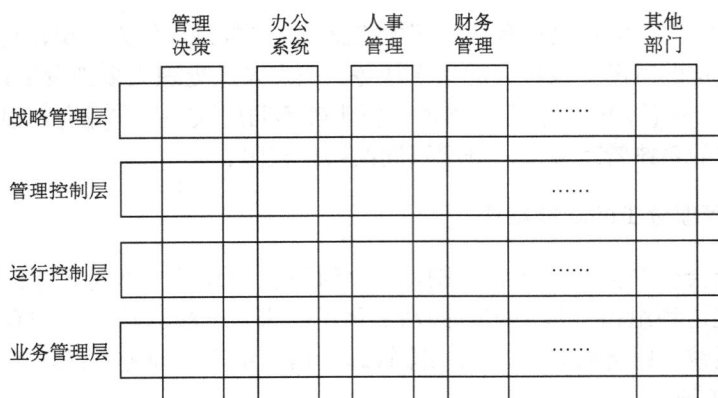

图 2.5　管理信息系统的综合结构

三、管理信息系统的物理结构

（一）管理信息系统的硬件结构

管理信息系统的硬件结构如图 2.6 所示。由移动终端、电脑构成的主机接入机构内部网络，通过系统软件和各种 App 开展各部门的业务，从信息收发角度看，各主机既是信息的产生者（信源），也是信息的使用者（信宿）。接入网络的还有各种传感器采集实时数据，如温湿度环境监测、生产线上工件计数、图书借阅等。看板系统实时显示机构内主要部门的状态。

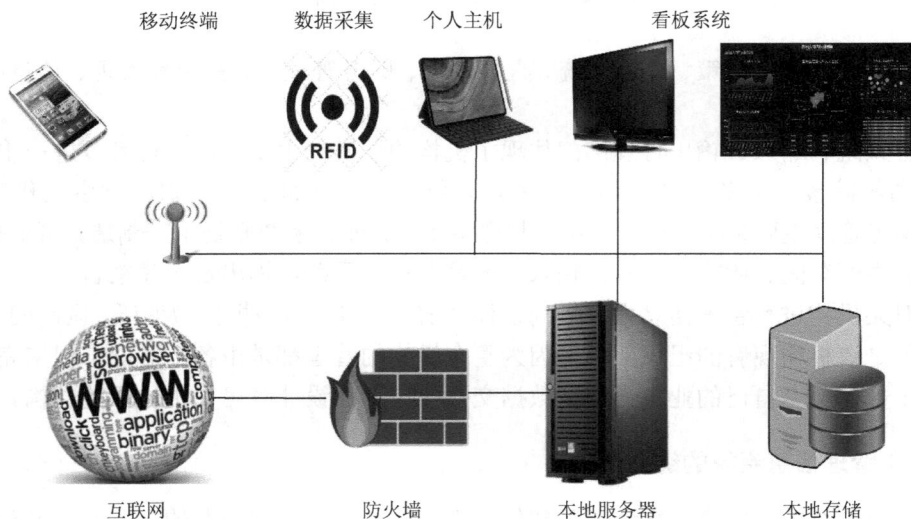

图 2.6　管理信息系统的硬件结构

初看起来，管理信息系统硬件结构就像是一个组织机构的计算机网络，实际情况确实如此，管理信息系统的特性主要体现在软件结构上。不过，不同应用的管理信息系统硬件还是与一般网络不同，主要表现在以下几方面。

安全级别：管理信息系统是每天都要使用的，系统一旦出现问题就会影响生产运行，所以为了防止黑客攻击、计算机病毒传播等，会配置有防火墙的安全设备，有的还设置内网和外网，把内部的网络和外网完全进行物理隔离。

接入设备：除了像手机、iPad、电脑、POS 机、打印机、人脸识别等设备外，很多网络还有体现业务特征的设备，如图书馆的图书借阅系统、门禁系统，机场安全监测系统配有摄像头、烟感探头、X 射线违禁品监测仪、金属探测器、红外测温装置等。

数据存储：组织机构内的网络设有专门的数据库服务器和数据存储阵列，也有的企业采用的是云存储。

（二）管理信息系统的软件结构

由于移动设备的广泛应用和系统建设、运行维护的需要，一般的管理信息系统软件结构并不是一个单一的软件，而是一个集成的软件系统，把操作系统、数据库管理、数据通信协议、各类 App 以及第三方管理软件集成在一起，其结构如图 2.7 所示。

按照层次来分，软件结构由接入层、门户层、业务层、支撑层、数据层和基础设施层组成。

系统所有用户（包括非本机构用户）都可使用各类操作系统、各类浏览器访问本系统，人们以前通常称为 C/S 或 B/S 访问。

图 2.7　管理信息系统的软件结构

注："+"代表可拓展接口

接入软件系统后，按照用户身份进入相应的门户，这种结构不仅操作方便、用户体验好，而且系统安全性和稳定性好。

通过门户开展相关业务操作。本单位所有的业务都处于这一层次，管理信息系统的特征在这一部分体现。

支撑层给业务层提供全方位的支持，如权限分配、门户引擎、流程引擎、内容引擎、报表引擎、用户界面引擎保证各自服务的项目流畅有序；集成中心、运行维护中心和日志中心保证业务模块的安全可靠运行。而且可以根据机构需要在二次开发平台上，利用数据仓库技术（ETL）工具进行应用开发。

数据层对整个系统的数据按照基础数据、业务数据进行标准化管理。

各类 App 应用通过机构（企业）服务总线（enterprise service bus，ESB），供用户设备调用。

图 2.7 列出的是一个比较全面的管理信息系统软件结构，比较复杂，仅供学习参考。对于应用规模不大的管理信息系统的软件结构，不必这么复杂，既可以定制开发一个专门的管理信息系统，也可以购买几个主要的管理模块集成起来使用。

第四节　管理信息系统类型

管理信息系统还不是一个具体的应用系统，只是一个比较大的概念，还可以细分。

按信息服务对象分类，可将其分为国家经济管理信息系统、企业管理信息系统、事务型管理信息系统、行政机关办公型管理信息系统和专业型管理信息系统等。

一、国家经济管理信息系统

国家经济管理信息系统是一个包含各综合统计部门（如国家发展和改革委员会、国家统计局）在内的国家级信息系统。这个系统纵向联系各省市（地区）直至各重点企业的经济管理信息系统，横向联系外贸、能源和交通等各行业的信息系统，形成一个纵横交错、覆盖全国的经济管理信息系统。国家经济管理信息系统由国家经济信息中心管理，在"统一领导、统一规划、统一信息标准"的原则下，按"审慎论证、积极试点、分批实施、逐步完善"的十六字方针边建设，边发挥效益。它的主要功能是：收集、处理、存储和分析与国民经济有关的各类经济信息，及时、准确地掌握国民经济运行状况，为国家经济部门、各级决策部门及企业提供经济信息；为统计工作现代化服务，完成社会经济统计和重大国情国力调查的数据处理任务，进行各种统计分析和经济预测；为中央和地方各级政府部门制订社会、经济发展计划提供辅助决策手段；为中央和地方各级的经济管理部门进行生产调度、控制经济运行提供信息依据和先进手段；为各级政府部门的办公事务处理提供现代化的技术。

二、企业管理信息系统

企业管理信息系统面向工厂、企业，主要进行管理信息的加工处理，这一类管理信息系统较为复杂，一般应具备对工厂生产监控、预测和决策支持的功能。企业复杂的管理活动给管理信息系统提供了典型的应用环境和广阔的应用舞台，一般大型企业的管理信息系统规模较大，涉及"人、财、物""产、供、销"以及质量、技术，同时技术要求也很复杂，所以常被作为典型的管理信息系统进行研究，从而有力地促进了管理信息系统的发展。

三、事务型管理信息系统

事务型管理信息系统面向事业单位，主要进行日常事务的处理。由于不同应用单位处理的事务不同，这些管理信息系统逻辑模型也不尽相同，但基本处理对象都是管理事务信息，决策工作相对较少，所以要求系统具有很高的实时性和数据处理能力，数学模型使用较少。

四、行政机关办公型管理信息系统

国家各级行政机关办公型管理信息系统，对提高领导机关的办公质量和效率，改进服务水平具有重要意义。办公管理系统的特点是办公自动化和无纸化，其特点与其他各类管理信息系统有很大不同。在行政机关办公服务系统中，主要应用局域网、打印、传真、印刷和缩微等办公自动化技术，以提高办公效率。行政机关办公型管理信息系统对下要与下级各部门信息系统互联，对上要与行政首脑决策服务系统整合，为行政首脑提供决策支持信息。

五、专业型管理信息系统

专业型管理信息系统是从事特定行业或领域的管理信息系统，这些信息系统专业性很强，规模一般较大。如民航管理信息系统、税务管理信息系统、文化旅游资源管理信息系统、物流管理信息系统、应急管理信息系统等，其特点是综合性很强，包含了上述各种管理信息系统的特点，也称为综合型管理信息系统。

此外，还可以按管理信息系统所使用的技术手段、信息处理方式等进行分类。

第五节　管理信息系统建设的生命周期

一、管理信息系统建设的五个阶段

管理信息系统的建设往往是一个从旧到新、从无到有的过程。无论一个组织机构的信息化程度如何，甚至自己都认为没有什么信息系统，但信息系统还是客观存在的，因此，管理信息系统的建设是在现有信息系统基础上进行更新换代。当然，从标志性和可显示度来看，人们不认为本单位一直以来所具有的管理系统是信息系统，那么专门投入资金和人力，大张旗鼓地建设一个新项目，也可以看作是一个新系统。

管理信息系统建设和其他项目一样，建设的过程一般要经历系统规划、系统分析、系统设计、系统实施、系统维护与评价五个阶段，如图 2.8 所示。

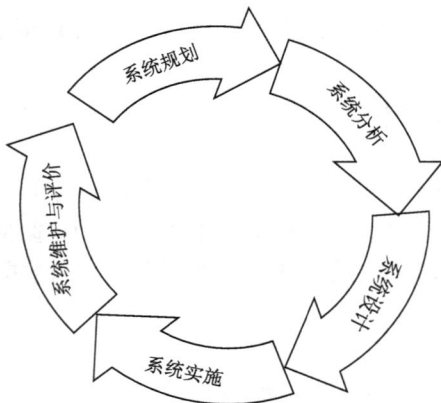

图 2.8　管理信息系统建设的生命周期

（一）系统规划阶段

系统规划阶段的任务是：在对原系统进行初步调查的基础上提出开发新系统的要求，根据需求，给出新系统的总体方案，并对这些方案进行可行性分析，产生系统开发计划和可行性研究报告。

（二）系统分析阶段

系统分析阶段的任务是根据系统开发计划所确定的范围，对现行系统进行详细调查，描述现行系统的业务流程，指出现行系统的局限性和不足之处，确定新系统的基本目标和逻辑模型，这个阶段又称为逻辑设计阶段。

系统分析阶段的工作成果体现在"系统分析说明书"中，这是系统建设的必备文件。它是提交给用户的文档，也是下一阶段的工作依据，因此，系统分析说明书要通俗易懂，用户通过它可以了解新系统的功能，判断是否是所需的系统。系统分析说明书一旦评审通过，就是系统设计的依据，也是系统最终验收的依据。

（三）系统设计阶段

系统分析阶段回答了新系统"做什么"的问题，而系统设计阶段的任务就是回答"怎么做"的问题，即根据系统分析说明书中规定的功能要求，结合实际条件，具体设计实现逻辑模型的技术方案，也即设计新系统的物理模型。因此这个阶段又称为物理设计阶段。

它又分为总体设计和详细设计两个阶段，产生的技术文档是"系统设计说明书"。

（四）系统实施阶段

系统实施阶段的任务包括：计算机等硬件设备的购置、安装和调试；应用程序的编制和调试；人员培训；数据文件转换；系统调试与转换等。系统实施是按实施计划分阶段完成的，每个阶段应写出"实施进度报告"，系统测试完成后写出"系统测试报告"。

（五）系统维护与评价

系统投入运行后，需要经常进行维护，记录系统运行情况，根据一定的程序对系统进行必要的修改，评价系统的工作质量和经济效益。

二、生命周期视角下的建设策略

这里说的生命周期理论即产品生命周期（product life cycle），指一种新产品从开始进入市场到被市场淘汰的整个过程。把产品当作一个生物体来看，要经历形成、成长、成熟、衰退这样的周期。就产品而言，就是要经历一个开发、引进、成长、成熟、衰退的阶段。我们在建设管理信息系统项目时要明确以下几个问题。

一是项目的开始和完工。管理信息系统项目是从规划开始到最后运行维护阶段的整个过程。由于组织机构的领导对管理信息系统的认识不同，有的是主动关注并积极学习了解，有的是完全不知晓有这种管理系统，所以作为开发销售管理信息系统的企业可加大宣传力度，主动挖掘潜在目标客户。作为业主，一个项目无论原来没有还是原系统不能使用，在要开始新的管理信息系统项目前都需要做好规划。

二是每个阶段的结束标志。管理信息系统建设周期中的每个阶段虽然在时间上很难划分，但每个阶段的目标任务和进展节点是非常清楚的，项目日志中一般有进度记载，大多情况下都是以阶段性成果作为结束依据。这提醒我们，做项目要有始有终，既有过程记录，又有标志性产出，如规划阶段的成果规划报告必须经过第三方评估通过，才可进入下一个阶段。系统分析阶段的分析报告也需要项目组组织评审通过，形成法定文件，作为以后项目验收依据。

三是五个阶段顺序一般不能颠倒。因为每个阶段的输出（成果）都是下一个阶段的输入（条件），所以这几个阶段是一种串行活动，如果先后顺序颠倒会浪费时间、增加成本。

四是系统衰退的判定。管理信息系统实施阶段结束后，便交付使用，进入运行与维护阶段。因为运行与维护是一边使用系统，同时发现系统存在的不足，并加以改进，硬件、软件的升级和材料的消耗需要有资金持续投入，所以有种观点认为管理信息系统的建设永远在路上。如何判定管理信息系统进入衰退期了呢？我们看到，一方面是使用系统的需求不断在变化，要求系统具有新的功能和性能，另一方面是随着系统运行时间增长，会出现系统功能和性能不能满足需求的现象，再怎么投入资金，原有的系统已没有维护的价值，这就是衰退，这时就要履行国有资产的报废手续，立即开始新系统的规划，即开始新的生命周期。

本书后面各章节将详细介绍这些环节的内容。

思考与练习题

1. 请用系统观点阐述管理的职能及其关系。
2. 结合个人实际谈谈信息系统对管理职能的支持。
3. 阐述管理信息系统、信息系统和系统的异同及三者之间的关系。
4. 试给出你对管理信息系统的定义。
5. 管理信息系统是一个人机系统，试剖析其深层含义。
6. 有人说管理信息系统就是一个计算机网络系统，是否正确，为什么？
7. 你认为管理信息系统如何分类。
8. 如何去引导一个组织机构建设管理信息系统。
9. 管理信息系统项目只有立项手续，没有结项手续会有什么后果？

第三章　管理信息系统相关技术

管理信息系统的发展依托于通信技术、网络技术、计算机技术的发展，在科学技术快速发展的今天，新兴技术也为管理信息系统的发展带来了源源不断的生机和活力。本章介绍大数据技术、云计算、移动互联网、物联网、人工智能、区块链等对管理信息系统产生重要影响的新兴技术。

第一节　大数据技术

一、大数据与大数据技术

（一）大数据

大数据是一个涵盖多种技术的概念，是指无法在一定时间范围内用常规软件工具进行捕捉、管理和处理的数据集合，是需要新处理模式才能具有更强的决策力、洞察发现力和流程优化能力的海量、高增长率和多样化的信息资产。IBM 将"大数据"定义为四个 V：Volume（大量）、Velocity（高速）、Variety（多样）、Value（低价值密度）。

大数据的出现转变了人类分析数据的态度，主要体现在三个方面：要全体而不是抽样，即利用所有的数据而不是仅仅依靠一小部分数据；要效率不要精确，即更加追求数据的分析效率而不是追求精确度；要相关不要因果，即只需要知道数据结果会是这样而不需要知道为什么会是这样。

（二）大数据技术

大数据技术是指伴随着大数据的采集、存储、分析和应用的相关技术，是一系列使用非传统的工具来对大量的结构化、半结构化和非结构化数据进行处理，从而获得分析和预测结果的一系列数据处理和分析技术。

讨论大数据技术时，首先需要了解大数据的基本处理流程，主要包括数据采集、存储、分析和结果呈现等环节。数据无处不在，互联网网站、政务系统、零售系统、办公系统、自动化生产系统、监控摄像头、传感器等，每时每刻都在不断产生数据。这些分散在各处的数据，需要采用相应的设备或软件进行采集。采集到的数据通常无法直接用于后续的数据分析，因为对于来源众多、类型多样的数据而言，数据缺失和语义模糊等问题是不可避免的，所以必须采取相应的措施有效解决这些问题，这就需要一个被称为"数据预处理"的过程，把数据变成一个可用的状态。数据预处理后，被存放到文件系统或数据库系统中进行存储与管理，然后采用数据挖掘工具对数据进行处理分析，最后采用可视化工具为用户呈现结果。在整个数据处理过程中，必须注意隐私保护和数据安全等问题。

因此，从数据分析全流程的角度，大数据技术主要包括数据采集、数据预处理、数据存储与管理、数据分析与数据展示等方面，即利用 Flume、Splunk 等工具从数据源采集数据，使用 DataStage 等进行预处理，为后继流程提供统一的高质量的数据集，然后将这些数据使用 SQL、NoSQL 等数据库技术进行集成和存储，分门别类地进行放置，再用合适的技术对其进行分析挖掘，并将最终的结果利用可视化技术如 Tableau、Qlik 等展现给用户，这就是整个大数据处理的流程，大数据处理流程技术框架如图 3.1 所示：

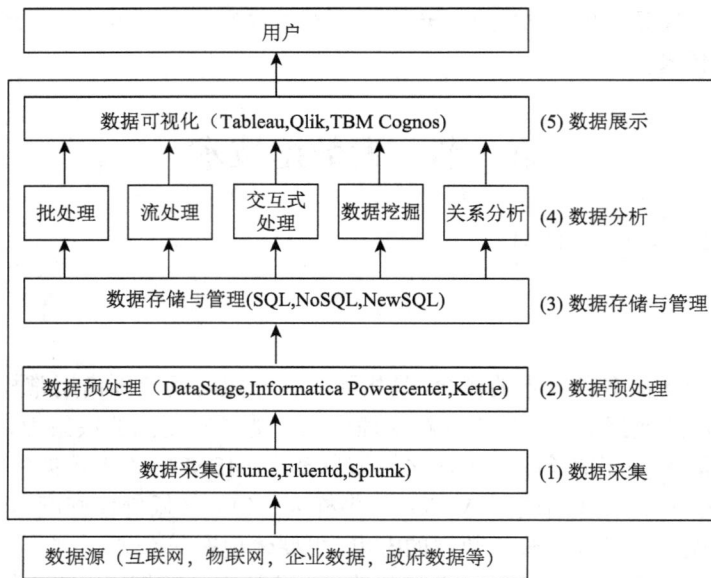

图 3.1　大数据处理流程技术框架

1. 数据采集技术

数据采集连接了计算机与外部物理世界，是大数据处理流程中最基础的一步。Flume、Fluentd、Splunk 是目前几种比较流行的数据采集工具，它们大多提供了输入、输出和中间缓冲的架构，利用分布式的网络连接，实现一定程度的扩展性和可靠性。表 3.1 从扩展性、系统架构、系统特点方面对典型大数据采集工具进行比较。

表 3.1　大数据采集工具

软件工具	扩展性	系统架构	系统特点
Flume	高扩展性，采用多 Master 的方式拥有丰富的自带插件	分布式管道架构	主要处理流数据事件，其使用 JRuby 来构建，依赖 Java 运行环境
Fluentd	高扩展性，客户可以自定制（ruby）Input/Buffer/Output	可插拔架构	使用 C/Ruby 开发，采用 JSON 统一数据/日志格式，专为处理数据流设计，不支持 Windows 平台
Splunk	可扩展性较低，可以通过开发 Input 和 Modular Input 的方式来获取特定的数据	发布式机器数据平台	商业化大数据平台产品，提供很多具体化应用，多平台支持，具有日志聚合功能；搜索功能；提取意义；可视化功能；电子邮件提醒功能等

2. 数据预处理

大数据通过获取、处理和分析大规模异构数据得到有价值的信息，然而获取和处理数据的规模、速度以及格式均会影响数据质量，给大数据分析带来困难。数据质量已经成为大数据处理流程中的难题，数据预处理主要包含数据清理、数据集成、数据变换和数据归约等基本功能，主要用于解决数据质量问题。数据仓库技术（extract-transform-load，ETL）工具负责处理各类分布的结构化、半结构化以及非结构化数据，对其进行清洗、转换、集成以及管理。

目前市场上主流的 ETL 工具有 IBM 公司的 DataStage、Informatica 公司的 Informatica PowerCenter、免费 ETL 工具 Kettle 等，这些 ETL 工具均以图形化界面配置完成作业设计和任务设计，实现快速地开发和部署，并且提供了丰富的数据映射和转换函数。对以上三种工具从应用能力、抽取容错性、安全性以及语言支持方面进行简单的比较，结果如表 3.2 所示。

表 3.2　数据预处理工具

操作性质	ETL 工具		
	DataStage	Informatica PowerCenter	Kettle
应用能力	具有优秀的文本文件和 XML 文件的读取和处理能力	可访问和集成几乎任何业务系统、任何格式的数据；提供了多个可选组件以扩展核心数据集成功能	提供丰富的 SDK，开放了源代码以便于二次开发包装
抽取容错性	没有真正的 Recovery 机制	抽取出错的恢复（recovery）；可实现断点续传的功能	无 Recovery
安全性	只提供 Developer 和 Operator	多范围的用户角色和操作权限；权限可以分到用户或组；使用细致的锁（lock）	简单的用户管理功能
语言支持	支持目前几乎所有的编码格式	支持丰富的编码格式	支持常见的编码格式

3. 数据存储与管理

在大数据处理流程中，数据存储与管理是十分重要的一环，主要为数据分析提供访问控制能力。目前大多数应用需要针对特定种类的数据建立专门的数据库进行存储，从而减少数据查询和访问的时间，以支持后续的数据分析流程。常用数据库技术大体分为三类，以 MySQL、Microsoft SQL Server 和 Oracle 等为代表的 SQL 数据库，以 HBase、MongoDB 和 Redis 等为代表的 NoSQL 数据库，以及以 PostgreSQL、NuoDB 和 VoltDB 等为代表的 NewSQL 数据库。

为了更好地了解不同类型的数据库，现选取常用排行第一位和第二位的 SQL 数据库即 Oracle 和 MySQL，常用排行第五位以及第九位的 NoSQL 数据库即 MongoDB 和 Redis，以及排行第四位的 NewSQL 数据库 PostgreSQL 进行比较分析，如表 3.3 所示。

表 3.3　数据存储与管理工具

性质	数据库				
	Oracle	MySQL	MongoDB	Redis	PostgreSQL
数据库类型	SQL 数据库	SQL 数据库	NoSQL 数据库	NoSQL 数据库	NewSQL 数据库
数据库模型	关系数据库系统	关系数据库系统	文档存储	键-值存储	关系数据库系统
实现语言	C 和 C＋＋	C 和 C＋＋	C＋＋	C	C
SQL 支持	是	是	否	否	是
是否结构化数据	是	是	自由	自由	是
是否预定义数据类型	是	是	是	部分	是
API 以及其他访问方式	ODP.NET Oracle Call Interface（OCI） JDBC ODBC	ADO.NET JDBC ODBC	使用 JSON 的专用协设	专用协议	native C library streaming API for large objects ADO.NET JDBC ODBC
是否支持事务	ACID	ACID	否	乐观锁机制，原子性执行的命令块和脚本	ACID
访问控制	根据 SQL 标准的细粒度访问权限	细粒度访问权限	基于用户和角色的访问权限	简单的基于密码的访问控制	根据 SQL 标准的细粒度访问权限

4. 数据分析技术

面对大数据海量性、多样性以及异构性的特点，传统的统计工具已经难以应付，无法满足大数据分析的需求，因此人们需要扩展分析方法和思路。在大数据分析技术方面，Google 公司成绩斐然，其内部各种数据的应用都是依托自主研发的一系列云计算技术，例如分布式文件系统 GFS、批处理技术 MapReduce 和分布式处理平台 Hadoop，以及 Apache 的实时计算系统 Storm 等，这些系统和平台的产生，对大数据分析起到了支撑作用。

掌握适用于大数据分析处理的软件工具，已经是大数据研究者所必须掌握的知识技能。在实际的研究过程中，需要根据不同的应用情况选择合适的工具，甚至多种工具组合使用，一些情况需要研究者使用 Java、R、Python 等编程语言自行编译程序以便研究的进行。表 3.4 介绍了当前大数据研究分析所涉及的一些技术平台和相关软件工具，并阐述其应用特点和适用场景，以便研究者更好地了解与使用。

表 3.4　数据分析工具

软件工具	描述	优点	缺点
Hadoop	对大量数据进行分布式处理的开源软件框架，适用于批处理	高可靠性；高扩展性；高效性；高容错性；可以处理超大文件；对应急需求比较低，只需运行在低廉的商用硬件集群上，所以成本较低	不适合低延迟数据访问；无法高效存储大量的小文件；不支持多用户写入及任意修改文件；图计算与迭代计算不友好
Storm	开源软件，一个分布式的实时计算系统，适用于流处理	高扩展性；高容错性；快速—基准测试每节点每秒处理数百万字节数；可靠性—每组数据至少处理一次；易于使用；低延迟	安装配置较为复杂，无综合指南可用；虽然提供了关键性能指标来衡量性能和可靠性，但用户体验并不算好，没有报告模块；对硬件要求较高

续表

软件工具	描述	优点	缺点
Google Dremel	组建规模成千上万的集群，处理 PB 级别的数据，适用于交互式计算	高扩展性；提供容错执行，嵌套的数据模型；能深入查看数据；能在海量数据中同时执行多个查询操作；大规模数据分析，规模与速度并存；提供高级 SQL 语言表达即席查询，查询方便，易于理解；列存储，降低 CPU 成本；结合了 Web 搜索和并行 DBMS 技术；弥补 MR 交互式查询能力的不足	数据只读，不支持修改或者建立功能，也没有表索引；按列分割数据，最后经常需要把列再组合成记录，组合数据比较耗时
RapidMiner	开源软件，应用于数据挖掘	免费提供数据挖掘技术和库，具有丰富数据挖掘分析和算法功能；简化数据挖掘流程的设计和评价，可以用简单脚本语言自动进行大规模进程；图形用户界面的互动原型，多层次的数据视图，确保有效透明数据；标准化格式减少数据处理复杂度	数据量过大会导致无法获取完整数据集；扩展性较低，优化较难
Weka	开源软件，应用于基于 Java 环境的机器学习以及数据挖掘	集合了大量能承担数据挖掘任务的机器学习算法如分类、回归、聚类、关联规则等；为数据挖掘整个流程提供了全面支持	数据预处理和结果分析较为麻烦；对数据格式要求严格
Gephi	开源软件，适用于如信息传播，社交网络等的关系分析	擅长解决图网络分析的很多需求，其插件众多；功能强且易用；支持多种格式的文件输入，更具可扩展性，满足用户对不同数据的处理需求	由 Java 编写，限制了处理性能，如分析百万级节点关系时，需先做平滑和剪枝处理；处理更大规模（如亿级以上）的关系网络数据，则需要专门的图关系数据库如 GraphLab/GraphX 来支撑，其技术要求会相对较高

5. 数据展示技术

对于用户而言，最关心的并不是数据的处理分析流程，而是对其结果的展示与解释，所以，在一个完整的大数据处理流程中，数据结果的展示步骤至关重要。若数据分析的结果不能得到恰当的展示，则会影响到用户对数据的理解、处理与利用。为了提升数据解释与展示能力，数据可视化技术作为解释大数据的方式，被大多数企业引入。

数据可视化就是利用计算机技术将数据以图形、图像的方式展示出来，并且支持交互处理，使人们可以直观地发现数据之间的内在联系，如 Citespace 工具能够分析和可视文献之间的共被引关系，显示一个学科或知识域在一定时期发展的趋势与动向。对于大数据而言，一些数据分析工具如 SPSS、Gephi、Weka 等都具备可视化交互界面。单就可视化展现工具而言，目前市场上比较流行的有 Tableau、Qlik 以及 IBM Cognos 等，三者在数据交互和数据整合功能上都较为优秀，也有着各自的特点，表 3.5 对这三种工具进行了多方面比较。

表 3.5　数据展示工具

应用特点	Tableau	Qlik	IBM Cognos
可视化深入程度	优秀	一般	一般
可扩展性	良好	仅限 RAM	良好
大数据支持能力	较好	一般	一般，属于传统 BI 产品

应用特点	Tableau	Qlik	IBM Cognos
映射支持	优秀	一般	优秀
OLAP cubes 支持	是	否	是
最大容量	无限	数十亿行	无限
多维模型化处理能力	良好	一般	良好
API 支持能力	优秀	良好	一般

二、大数据技术的应用

（一）数据备份技术在信息系统中的应用

随着信息技术的发展，各行各业为了保证自身利益，都会加强数据信息保护。除了加强数据备份恢复系统保护，还要提高计算机信息系统的容错率。企业备份数据时，要加强备份系统保护，减少信息泄露。很多企业只注重数据存储与收集，缺少数据安全意识。大力推广数据备份技术，可以保护企业信息数据，提高企业信息数据的安全性，保护企业自身利益。在加强数据信息安全后，还要细化数据备份。例如，很多人都喜欢把数据存储到U 盘，但 U 盘有时会出现格式化、导致数据丢失。为了减少这种情况的出现，需要根据自身实际情况，选择合适的存储方式，保证数据信息的安全。

（二）Hadoop 在信息系统中的应用

Hadoop 具有拓展性强和低成本的特点，应用范围较广。对 Hadoop 来说，存储信息数据的适用性强，保证数据融合。以航空运输为例，运输过程中会产生大量数据类型和数据资源，整理数据时常出现数据整合困难、运用其他数据处理系统成本高的问题。而Hadoop 适用于大量数据类型，可以解决上述问题，尤其是数据整理过程中出现难整合的情况。Hadoop 可以有效分析大量数据，完成数据存储、备份以及管理工作，使管理变得简单，有效避免系统高成本的情况。Hadoop 系统可以在运行过程中保证各部件协同合作，实现了信息数据资源化，丰富了大数据信息分析平台的应用。

第二节　云　计　算

一、云计算的概念及核心技术

（一）云计算的概念

约翰·麦卡锡在 1961 年首次提出了将计算资源转为公共服务的思想，这正是当今云计算的核心思想之一。而云计算（cloud computing）的名称来源于亚马逊公司的弹性计算云（elastic compute cloud，EC2）技术，该产品允许用户通过租用的形式使用虚拟化的计算资源，并且这些资源能够随着用户的需求进行动态扩展。

IBM 指出云是一个虚拟化的计算机资源池，一方面描述了提供服务的系统平台，即用来构造应用程序的基础设施，另一方面描述了可以通过互联网进行访问的可扩展的应用程序，用户只需要通过浏览器和互联网接入设备就可以访问云计算应用程序。

美国国家标准与技术研究院（NIST）对云计算定义是：云计算是一种可以随时随地通过互联网按需访问的 IT 资源共享池访问模式（IT 资源包括网络、服务器、存储、应用、服务），这些资源能够快速部署，并只需要最少的管理工作或尽量少地与服务提供商进行交互。

由此可见，与现有的互联网环境、分布式计算环境不同，云计算技术的核心理念是服务，它是一种新型的计算服务模式，是一种新型的商业服务模式，是一种新型的服务支撑平台。云计算作为一种新型的计算服务模式，用户通过一个简单的界面，可以得到他所需要的计算资源和信息服务。云计算作为一种新型的商业服务模式，用户通过它能够实现"付钱即所得"，像水、电、气等社会公共资源一样按需获取。云计算作为一种新型的服务支撑平台，能够支持多种行业的新型服务模式，通过将云计算技术应用在不同领域中能够产生显著效益。

（二）云计算的分类

下面分别从云计算的部署模式和服务对象对云计算进行分类。

1. 部署模式

依据云计算部署模式的不同，将其分为公有云、私有云、社区云和混合云四类。

公有云提供的云服务通常遍布整个互联网，能够服务于几乎不限数量的、拥有相同基本架构的客户。公有云的费用一般较低、甚至免费，但公有云的安全性和隐私性存在一定隐患。

私有云是针对某单个机构量身定制的云，如一些大型金融公司或政府机构。这些企业一方面出于对其自身数据的安全性和保密性的要求，另一方面也拥有一定的经济实力和技术储备，能够支持私有云的开发、运行、部署和维护。

社区云是专为一些相对独立、相互关联的机构服务，如供应链上的关联企业。这些企业从其自身的业务流程来看是相互独立的，有着各自的管理机构和运行机制，然而它们彼此之间存在的供应链关系，使得供应链上下游企业的生产计划之间还存在一定的联系，需要进行信息的交互与资源协调。

混合云则表现为以上多种云配置的组合，能够为一些复杂的商业计划提供支持。例如，利用公有云服务为用户提供便捷的云计算访问，同时将用户安全性和保密性要求较高的数据部署在其自身的私有云环境中，通过访问控制实现公有云和私有云的交互。这样不仅能够降低用户的使用成本，同时也能够提高云服务的可靠性与安全性。

2. 服务对象

云计算作为一种以服务为导向的技术，按照服务对象的不同、通常可以分为三类：软件即服务（software as a service，SaaS）、平台即服务（platform as a service，PaaS）、基础设施即服务（infrastructure as a service，IaaS）。

SaaS 是一种最常见的云计算服务，服务供应商负责维护和管理硬件设施并对云服务进行统一部署，根据用户需求的变化，以免费或按需租用的方式向用户提供云计算服务。在这种模式下，用户只需利用终端设备即可便捷地使用云计算服务，无须关心服务的软硬件运行、维护与管理过程，为用户节省大量的资金投入和人力资源成本。以企业管理软件为例，Salesforce 公司提供的 CRM 服务能够让企业用户根据自身的发展状况、业务运行的实际要求、企业现有信息化基础，以及企业在使用管理软件过程中的技术指标等因素，动态组合多种云服务资源，按照实际使用情况支付服务费用，既免去了硬件设备的购买与维护费用，又节省了管理软件定制、开发与实施的费用，真正实现了按需服务的特点。

PaaS 提供给用户基于互联网的应用开发环境，并且支持应用从创建到运行全生命周期所需的各种软硬件资源和工具。PaaS 服务商要求其用户应具备一定的信息技术水平，通过向用户提供一种互联网应用程序的接口和平台，免去用户在平台构建、硬件维护、服务兼容性等方面的投入。例如，Google API Engine 能够支持用户在 Google 的基础架构上开发和运行自身的云计算服务，而用户无须进行大量的底层开发工作，仅需调用 Google 提供的 API 接口即可实现云计算服务。

IaaS 通过使用虚拟化技术、自动化技术和服务器模板技术，将 CPU、内存、存储、操作系统及相关软件以远程计算服务的方式提供给用户。IaaS 将上述资源虚拟化为资源池，能够为网络环境下的用户提供所需的计算资源、存储资源以及网络资源。特别是对于信息化建设初期的中小企业，使用 IaaS 云计算服务能够大大降低硬件资源的资金投入，并能够根据自身的发展需要，动态按需地租用 IaaS 中的各种服务资源。例如，Amazon Web Service 将多种 IaaS 服务资源进行租用，并制定了相应的费用标准。

（三）云计算实现技术

目前，云计算技术已经广泛地应用于 Google、亚马逊、微软、VMware 等公司的商业产品中，而且还有 Hadoop、Eucalyptus、Cassandra、Hive、MongoDB 等开源云计算环境。下面以 Google 云计算为例，介绍云计算中的文件系统、分布式数据处理技术、分布式结构化数据表。

1. 文件系统

Google 公司拥有庞大的数据中心，能够向全球用户提供实时的搜索服务，例如网页搜索、文件搜索、图片搜索、视频搜索、地图搜索等。Google 的文件系统虽然是采用廉价机器所构建的分布式文件系统，但却能够通过系统架构设计和容错机制等方法，实现海量数据读取与写入的高效管理。在 Google 文件系统的架构设计中，构建了客户、主服务以及数据块服务等三类角色，采用中心服务器的模式进行管理，并提供专用接口。主服务器保存系统中的元数据，通过操作日志提供容错功能，而数据块服务器则采用副本的方式实现容错功能。

2. 分布式数据处理技术

MapReduce 是 Google 提出的一种大数据的分布式处理模型，用于大规模数据集的并行计算，通过映射（map）和化简（reduce）两种主要操作，实现对海量数据的搜索、挖掘、分析与理解。对于不同的大数据来说，可以使用多个不同的 Map 函数进行操作，而每一个 Map 函数也可以对一部分的原始数据进行操作，这就使得不同 Map 函数之间是相互独立的，可以将不同的 Map 函数进行并行处理。在 Map 函数处理大规模数据时，Reduce 函数能够对 Map 函数所产生的部分中间结果进行合并，而且不同 Reduce 函数得到的合并结果互不相交，所以，这些结果通过连接即可形成完整的结果集，也可以将不同的 Reduce 函数进行并行处理。

3. 分布式结构化数据表

在 Google 的运行过程中，需要存储多种类型的数据，例如网页、图像、声音视频以及用户历史记录等，这些数据不仅数量大、分布广，而且变化快、增长迅速，既包含结构化数据，也包含非结构化数据。对于这些数据的存储和管理是相当困难的。对此，Google 提出了一种 BigTable 分布式结构化数据表。BigTable 与传统的关系表相比，其数据模型仅包括行关键字、列关键字和时间戳，通过采用映射关系的方法，简化了数据库管理，是一种分布式的多维映射表。其中，行关键字可以是任意字符串，而列关键字则通过列组的形式进行保存，时间戳被用于区分不同时间保存的不同版本的数据。

二、云计算的应用

（一）在数字化图书馆系统中的应用

云计算技术可以用于图书馆的资源系统，由于图书馆一般包括实体类型以及网络资源类型两种，在当前的发展中，网络图书馆使用的功能更加便捷，资源数量也逐渐增加，从而使传统图书馆发展受到影响。为了实现图书馆资源的高效利用，应扩大资源的范围。通过信息的整合和加工能够使信息更加明确，在使用中可以呈现更好的效果，相比传统的信息记录方式，信息的错误概率也有所降低，实现了信息的有效利用。通过云计算技术，能够提高图书馆资源的利用率，建立资源完善、功能多样的数字化图书馆，减少手工记录造成的错误，为人们提供方便的获取途径，同时增加了很多服务，促进了图书馆的技术发展。

（二）在企业信息平台中的应用

目前，企业采用的多种系统都能对信息进行整合和利用，建立统一的平台，实现多应用集成，能够发挥更多的功能使企业在市场中得到进一步发展，提升企业的整体水平。通过统一的门户平台可以加强企业的资源共享，提高信息的获取和利用效率，便于人们进行了解，同时也降低了成本，使企业能够高效完成相关任务。云计算技术应用在企业平台上可以统一访问渠道，提供更加个性化的服务，使企业管理系统发挥出更多作用，还可以对业务、数据等进行有效管控，使企业在发展中得到更多技术支持。因此，云计算技术信息平台在企业中具有良好的应用效果。

（三）在医疗服务平台中的应用

在信息技术快速发展的背景下，云计算技术在医疗方面的应用更加广泛，通过医疗云平台能够实现统一化管理，使医疗系统更加稳定，为人们提供更好的就医环境，不断提高医疗信息化服务水平。在这种模式下，通过云平台对信息进行快速处理，人们能够获取容易理解的信息、还可以利用网络查询信息和获取服务，使医疗体系变得更加完善。云计算技术使医疗信息应用不断完善，同时简化了医院的网络结构，加强了系统的功能，使信息得到简化处理，提升了服务质量。另外，医院通过云计算技术能够降低运营成本，同时提供连续性的服务，是提升医疗服务整体水平的重要途径。

第三节　移动互联网

一、移动互联网的概念及其核心技术

（一）移动互联网的概念

目前，关于"移动互联网"还没有一个明晰统一的定义。一种观点认为，WAP（无线接入点）就是移动互联网；另一种观点认为，在移动终端上使用数据服务的都是移动互联网；还有一种观点认为，"移动"只是一种接入方式，移动互联网就是互联网。我国工业和信息化部中国信息通信研究院 2011 年发布的《移动互联网白皮书》给出的定义是：移动互联网是以移动网络作为接入网络的互联网及服务，包括三个要素即移动终端、移动网络和应用服务。这个定义具有两层内涵：一是指移动互联网是传统的互联网与移动通信网络的有效融合，终端用户是通过移动通信网络（如 2G、3G 或 4G 网络、WLAN 等）而接入传统互联网；二是指移动互联网具有数量众多的新型应用服务和应用业务，并结合终端的移动性、可定位及便携性等特点为移动用户提供个性化、多样化的服务。

（二）移动互联网核心技术

当前正在发展的移动互联网技术主要包括移动终端、接入网络、移动应用服务及移动网络安全 4 个方面的技术。

1. 移动终端技术

移动终端技术主要包括终端制造技术、终端硬件和终端软件技术三类。终端制造技术是一类集成了机械工程、自动化、信息、电子技术所形成的技术、设备和系统的统称；终端硬件技术是实现移动互联网信息输入、信息输出、信息存储与处理等技术的统称,一般分为处理器芯片技术、人机交互、移动终端节能、移动定位等技术;终端软件技术是指通过用户与硬件间的接口界面与移动终端进行数据或信息交换的技术统称,一般分为移动操作系统、移动中间件及移动应用程序等技术。

2. 接入网络技术

接入网络技术一般是指将两台或多台移动终端接入到互联网的技术统称,主要包括网络接入技术、移动组网技术和网络终端管理技术三类。移动互联网的网络接入技术主要包括:移动通信网络、无线 Mesh 网络(WMN)技术、异构无线网络融合技术等。移动互联网的组网技术具有灵活、动态的特点,无线局域网采用的是以太网的星形结构,移动通信网络采用的是集中控制、层次优化结构,两者都有中心节点,都采用了集中式组网技术,移动自组织网络采用了分布式组网技术,没有中心节点,各个节点之间是相互对等关系,都可充当主机和路由器的角色;无线 Mesh 网络采用了多中心的自组织网络技术,由固定的 Mesh 路由器利用点到多点方式组成网络,由路由器管理 Mesh 的连接,拓扑结构比较稳定,并且传输带宽高。移动互联网的接入网络技术是多种接入并存的异构无线融合网络,必须发展移动网络管理技术,来实现不同网络之间的无缝切换。移动网络管理技术主要有 IP 移动性管理和媒体独立切换协议两类。

3. 移动应用服务技术

移动应用服务技术是指利用多种协议或规则,向移动终端提供应用服务的技术统称,分为前端技术、后端技术和应用层网络协议三部分:前端技术用于内容展现和逻辑执行,主要包括 HTML、DOM、CSS、Java Scrip 等技术;后端技术用于服务器端的逻辑执行和资源管理,主要包括数据库、动态网页等技术;应用层网络协议用于前端与后端之间的信息交互和数据传送,主要包括 HTTP、FTP、SMTP 协议等。目前正在发展的应用服务关键技术主要包括 HTML 5、移动搜索、移动社交网络、Web 实时通信(WebRTC)、二维码编码、企业移动设备管理技术。

4. 移动网络安全技术

移动网络安全技术主要分为移动终端安全、移动网络安全、移动应用安全和位置隐私保护等技术。移动终端安全主要关注终端设备安全及信息内容的安全,如,信息内容被非法窜改和访问,或通过操作系统修改终端的有用信息,使用病毒和恶意代码对系统进行破坏,也可能越权访问各种互联网资源,泄露隐私信息等。移动网络安全技术重点关注接入网及 IP 承载网/互联网的安全,主要关键技术包括数据加密、身份识别认证、异常流量监测与控制、网络隔离与交换、信令及协议过滤、攻防与溯源等技术。移动应用安全技术主要有三类:一是应用访问管理与控制技术;二是内容过滤技术;三是安全审计策略控制技术。位置隐私保护技术主要包括制定高效的位置信息存储和访问标准、隐藏用户身份及与位置的关系、位置匿名等。

二、移动互联网的应用

（一）移动浏览/下载

移动浏览/下载不仅是移动互联网最基本的业务，也是用户使用的最基本的业务。在移动互联网应用中，空中激活（over the air，OTA）下载作为一个基本业务，可以为其他的业务（如 Java、Widget 等）提供下载服务，是移动互联网技术中重要的基础技术。

（二）移动社区

移动互联网应用产品中，应用率最高的依然为即时通信类。手机自身具有的随时随地沟通的特点使社区在移动领域发展具有一定的优势。移动社区组合聊天室、博客、相册和视频等服务方式，使得以个人空间、多元化沟通平台、群组及关系为核心的移动社区业务将发展迅猛。

（三）移动视频

移动视频业务是通过移动网络和移动终端为移动用户传送视频内容的新型移动业务。随着 5G 网络的部署和终端设备性能的提高，使用移动视频业务的用户越来越多。视频流的迅猛增长对通信网络带来了巨大挑战，同时也说明了越来越多的用户在使用移动视频业务。

（四）移动搜索

移动搜索业务是一种典型的移动互联网服务。移动搜索是基于移动网络的搜索技术总称，是指用户通过移动终端，采用短信息业务（short message service，SMS）、无线接入点（wireless access points，WAP）、交互式话音应答（interactive voice response，IVR）等多种接入方式进行搜索，获取 WAP 站点及互联网信息内容、移动增值服务内容及本地信息等用户需要的信息及服务。相对于传统互联网搜索，移动搜索业务可以使用各种业务相关信息，去帮助用户随时随地获取更个性化和更为精确的搜索结果，并可基于这些精确和个性化的搜索结果，为用户提供进一步的增值服务。

（五）移动广告

移动广告的定义为通过移动媒体传播的付费信息，旨在通过这些商业信息影响受传者的态度、意图和行为。移动广告实际上就是一种支持互动的网络广告，它由移动通信网络承载，具有网络媒体的一切特征，同时由于移动性使得用户能够随时随地接受信息，比互联网广告更具优势。移动广告业务按实现方式可分为 IVR 广告、短信广告、彩信广告、彩铃广告、WAP 广告、流媒体广告、游戏广告等。

（六）应用商店

在线应用程序商店作为新型软件交易平台首先由苹果公司推出，2011 年移动技术产业的十大发展趋势中提到，应用程序商店将成为手机服务的重要组成部分。随着移动智能设备的普及，移动应用程序的发布、下载及相关管理也日趋完善，移动应用行业逐渐形成了由开发者、应用商店、用户构成的完整产业链。经过近十年的发展，各应用商店的移动应用程序从屈指可数发展为类别、数量皆极为丰富的状态。随着移动智能设备的普及、移动应用程序管理的日趋完善，移动应用程序的下载呈快速增长趋势。据中金企信（北京）国际信息咨询公有限公司布的《2020-2026年中国移动互联网市场分析及发展策略研究预测报告》统计数据显示：全球移动应用程序的下载量从2015年的1298亿次增长到2018年的1940亿次，复合增长率为14.3%。预测到2022年，全球移动应用程序的下载量将达到2582亿次，仍将保持较快速度发展。

（七）在线游戏

随着移动设备终端多媒体处理能力的增强，5G技术带来的网络速度提升，使得移动在线游戏成为通信娱乐产业的发展趋势。目前手机游戏业务发展很快，这种娱乐方式比较适合亚太地区尤其是东亚地区的文化及生活方式，所以日益受到国内用户的青睐。

第四节　物　联　网

一、物联网的概念及其核心技术

（一）物联网概念

"物联网技术"的核心和基础仍然是"互联网技术"，是在互联网技术基础上的延伸和扩展的一种网络技术，其用户端延伸和扩展到物品与物品之间进行信息交换和通信。因此，物联网技术的定义是：通过射频识别（radio frequency identification，RFID）、红外感应器、全球定位系统、激光扫描器等信息传感设备，按约定的协议，将任何物品与互联网相连接，进行信息交换和通信，以实现智能化识别、定位、追踪、监控和管理的一种网络技术。

物联网的特点包括以下几方面。

感知识别普适化：无所不在的感知和识别将设备传统上分离的物理世界和信息世界高度融合。

异构设备互联化：各种异构设备利用无线通信模块和协议自组成网，异构网络通过"网关"互通互联。

联网终端规模化：物联网时代每一件物品均具备通信功能，成为网络终端。

管理调控智能化：物联网可高效可靠地组织大规模数据，与此同时，运筹学、机器学习、数据挖掘专家系统等决策手段将广泛应用于各行各业。

应用服务链条化：以工业生产为例，物联网技术覆盖原材料引进、生产调度、节能减排、仓储物流、产品销售、售后服务等各个环节。

（二）物联网核心技术

根据信息生成、传输、处理和应用，可将物联网分为感知层、网络层、处理层和应用层，体系架构如图3.2所示。

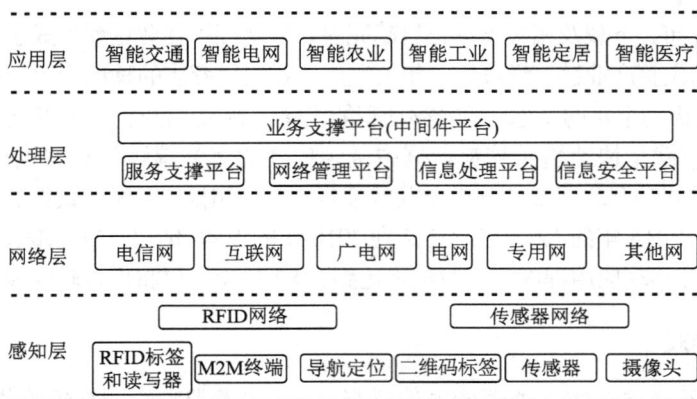

图 3.2　物联网体系架构

物联网的四大关键领域如图 3.3 所示。

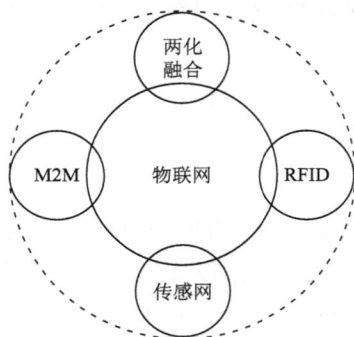

图 3.3　物联网的四大关键领域示意图

1. 射频识别技术

RFID 是一种简单的无线系统，由一个阅读器（或询问器）和很多标签（或应答器）组成。标签由耦合元件及芯片组成，每个标签具有唯一扩展词条的电子编码，附着在物体上标识目标对象，它通过天线将射频信息传递给阅读器，阅读器就是读取信息的设备。RFID 技术让物品能够"开口说话"。这就赋予了物联网一个特性即可跟踪性即人们可以随时掌握物品的准确位置及周边环境。

2. 传感网

传感网是借助各种传感器，探测和集成包括温度、湿度、压力、速度等物质现象的网络。微机电系统（micro electro mechanical systems，MEMS）是比较通用的传感器，它是由微传感器、微执行器、信号处理和控制电路、通信接口和电源等部件组成的一体化的微型器件系统。其目标是把信息的获取、处理和执行集成在一起，组成具有多功能的微型系统，集成于大尺寸系统中，从而大幅度地提高系统的自动化、智能化和可靠性水平。

3. M2M 系统框架

M2M（Machine to Machine）是一种以机器终端智能交互为核心，网络化的应用与服务，以实现智能化控制为目标。M2M 技术涉及 5 个重要的技术部分：机器、M2M 硬件、通信网络、中间件、应用。

4. 两化融合

"两化融合"是信息化和工业化的高层次的深度结合，是指以信息化带动工业化、以工业化促进信息化，走新型工业化道路。两化融合的核心是以信息化为支撑，追求可持续发展模式。

二、物联网的应用

物联网的应用领域涉及方方面面，在工业、农业、环境、交通、物流、安保等基础设施领域的应用，有效地推动了这些行业的智能化发展，使有限的资源得到更加合理地使用，从而提高了行业效率和效益。在家居、医疗健康、教育、金融与服务业、旅游业的应用，使这些领域服务范围、服务方式还是服务的质量都有了极大的改进，提高了人们的生活质量。在涉及国防军事领域方面，虽然还处于研究探索阶段，但物联网应用带来的影响也不可小觑，大到卫星、导弹、飞机、潜艇等装备系统，小到单兵作战装备，物联网技术的嵌入有效提升了军事智能化、信息化、精准化，极大提升了战斗力，是未来军事变革的关键。

（一）智能交通

物联网技术在道路交通方面的应用比较成熟。随着汽车的普及，交通拥堵甚至交通瘫痪已成为城市的一大问题。对道路交通状况实时监控并将信息及时传递给驾驶员，让驾驶员及时作出出行调整，可以有效缓解交通压力；高速路口设置道路自动收费系统（ETC），免去进出口取卡、还卡的时间，提升车辆的通行效率；公交车上安装定位系统，能及时了解公交车行驶路线及到站时间，乘客可以根据搭乘路线确定出行，节约时间。车辆增多，除了会带来交通压力外，停车难也日益成为一个突出问题，不少城市推出了智慧路边停车管理系统，该系统基于云计算平台，结合物联网技术与移动支付技术，共享车位资源，提高车位利用率。该系统可以兼容手机模式和射频识别模式，通过手机端 App 软件可以实时了解车位信息、车位位置，提前做好预定并实现交费等操作，很大程度上解决了"停车难、难停车"的问题。

（二）智能家居

智能家居是物联网在家庭中的基础应用，随着宽带业务的普及，智能家居产品涉及方方面面。家中无人，可利用手机等产品客户端远程操作智能空调，调节室温，智能空调甚者还可以学习用户的使用习惯，从而实现全自动的温控操作，使用户在炎炎夏日回家就能享受到冰爽带来的惬意。通过客户端实现智能灯泡的开关、调控灯泡的亮度和颜色等。插座内置 WiFi，可实现遥控插座定时通断电流，甚至可以监测设备用电情况，生成用电图表让你对用电情况一目了然，安排资源使用及开支预算。智能体重秤可监测运动效果。内置可以监测血压、脂肪量的先进传感器，设定程序根据身体状态提出健康建议。智能牙刷与客户端相连，提供刷牙时间提醒，可根据刷牙的数据产生图表及口腔的健康状况。智能摄像头、窗户传感器、智能门铃、烟雾探测器、智能报警器等都是家庭不可少的安全监控设备，你即使出门在外，也可以在任意时间查看家中任何地方的实时状况和安全隐患。看似烦琐的种种家居生活因为物联网变得更加轻松、美好。

（三）公共安全

近年来全球气候异常情况频发，灾害的突发性和危害性进一步加大，物联网可以实时监测环境的不安全性，提前预防、实时预警、及时采取应对措施，降低灾害对人类生命财产的威胁。美国布法罗大学早在 2013 年就提出研究深海互联网项目，将通过特殊处理的感应装置置于深海处，实时分析水下相关情况，对海洋污染的防治、海底资源的探测，甚至对海啸也可以提供更加可靠的预警。该项目在当地湖水中进行实验，取得了成功，为进一步扩大使用范围提供了基础。利用物联网技术可以智能感知大气、土壤、森林、水资源等各方面的指标数据，对改善人类生活环境发挥着巨大作用。

第五节　人 工 智 能

一、人工智能的概念及其核心技术

（一）人工智能的概念

"人工智能"一词最初在 1956 年的达特茅斯会议上被提出。从那以后，研究者们提出和验证了众多理论和原理，人工智能的概念也随之扩展。人工智能的发展虽然已走过了半个多世纪的历程，但是对人工智能至今尚无统一的定义。著名的美国斯坦福大学人工智能研究院尼尔逊教授对人工智能下了这样一个定义：人工智能是关于知识的学科怎样表示知识以及怎样获得知识并使用知识的科学。而麻省理工学院的温斯顿教授认为：人工智能就是研究如何使计算机去做过去只有人才能做的智能工作。这些说法反映了人工智能学科的基本思想和基本内容。即人工智能是研究人类智能活动的规律，构造具有一定智能的人工系统，研究如何让计算机去完成以往需要人的智力才能胜任的工作，也就是研究如何应用计算机的软硬件来模拟人类某些智能行为的基本理论、方法和技术。

人工智能是计算机学科的一个分支,20 世纪 70 年代以来被称为世界三大尖端技术（空间技术、能源技术、人工智能）之一，也被认为是 21 世纪三大尖端技术（基因工程、纳米科学、人工智能）之一。人工智能在很多学科领域都获得了广泛应用，并取得了丰硕的成果，其已逐步成为一个独立的分支，无论在理论还是实践上都已自成系统。

（二）人工智能的发展阶段

第 1 阶段：20 世纪 50 年代人工智能的兴起。

人工智能概念首次提出后，相继出现了一系列显著的成果，如机器定理证明、跳棋程序、通用问题 S 求解程序、LISP 表处理语言等。但由于消解法推理能力有限，以及机器翻译等原因，使人工智能的发展步入低谷。这一阶段的特点是：重视问题求解的方法，忽视知识重要性。

第 2 阶段：20 世纪 60 年代至 70 年代，专家系统出现，使人工智能研究出现新高潮。

DENDRAL 化学质谱分析系统、MYCIN 疾病诊断和治疗系统、PROSPECTIOR 探矿系统、Hearsay-II 语音理解系统等专家系统的研究和开发，将人工智能引向了实用化，并于 1969 年成立了人工智能国际联合委员会（International Joint Conference on Artificial Intelligence，IJCAI）。

第 3 阶段：20 世纪 80 年代，随着第五代计算机的研制，人工智能得到了巨大发展。

日本于 1982 年开始了第五代计算机研制计划，即知识信息处理计算机系统（KIPS），其目的是使计算机逻辑推理速度达到数值运算那么快。虽然此计划最终失败，但它的开展造成了一股研究人工智能的热潮。

第 4 阶段：20 世纪 80 年代末，神经网络飞速发展。

1987 年，美国召开第一次神经网络国际会议，宣告了这一新学科的诞生。此后，各国在神经网络方面的投资逐渐增加，神经网络迅速发展起来。

第 5 阶段：20 世纪 90 年代，人工智能出现新的研究高潮。

由于网络技术特别是国际互联网技术的发展，人工智能开始由单个智能主体研究转向基于网络环境下的分布式人工智能研究。不仅研究基于同一目标的分布式问题求解，而且研究多个智能主体的多目标问题求解，从而使人工智能更趋于实用。

（三）人工智能研究的核心技术

1. 机器学习

机器学习指的是计算机系统无须遵照显式的程序指令，而只依靠数据来提升自身性能的能力。其核心在于，机器学习是从数据中自动发现模式，模式一旦被发现便可用于预测。例如，给予机器学习系统一个关于交易时间、商家、地点、价格及交易是否正当等信用卡交易信息的数据库，系统就会学习到可用来预测信用卡欺诈的模式。处理的交易数据越多，预测就会越准确。

机器学习研究的主要目标是让机器自身具有获取知识的能力，使机器能够总结经验、修正错误、发现规律、改进性能，对环境具有更强的适应能力。通常要解决如下几方面的问题：①选择训练经验，包括如何选择训练经验的类型，如何控制训练样本序列，以及如何使训练样本的分布与未来测试样本的分布相似等问题；②选择目标函数，所有的机器学习问题几乎都可简化为学习某个特定的目标函数的问题，所以，目标函数的学习、设计和选择是机器学习领域的关键问题；③选择目标函数的表示，对于一个特定的应用问题，在确定了理想的目标函数后，接下来的任务是必须从很多（甚至是无数种）表示方法中选择一种最优或近似最优的表示方法。

目前，机器学习的研究还处于初级阶段，但却是一个关键阶段。只有机器学习的研究取得进展，人工智能和知识工程才会取得重大突破。

2. 知识图谱

知识图谱本质上是结构化的语义知识库，是一种由节点和边组成的图数据结构，以符号形式描述物理世界中的概念及其相互关系，其基本组成单位是"实体—关系—实体"三元组，以及实体及其相关"属性—值"对。不同实体之间通过关系相互联结，构成网状的知识结构。在知识图谱中，每个节点表示现实世界的"实体"，每条边是实体与实体之间的"关系"。

通俗地讲，知识图谱就是把所有不同种类的信息连接在一起而得到的一个关系网络，提供了从"关系"的角度去分析问题的能力。知识图谱可用于反欺诈、不一致性验证、鉴别团伙欺诈等公共安全保障领域，在使用过程中需要用到异常分析、静态分析、动态分析等数据挖掘方法。知识图谱在搜索引擎、可视化展示和精准营销方面有很大的优势，已成为业界的热门工具。但是，知识图谱的发展还面临很大的挑战，如数据的噪声问题，即数据本身有错误或者数据存在冗余。随着知识图谱应用的不断深入，还有一系列关键技术需要突破。

3. 自然语言处理

自然语言处理是指计算机拥有的类似人类的文本处理的能力。例如，从文本中提取意义，甚至从那些可读的、风格自然、语法正确的文本中自主解读出含义。一个自然语言处理系统并不了解人类处理文本的方式，但是它却可以用非常复杂与成熟的手段巧妙处理文本。例如，自动识别一份文档中所有被提及的人与地点；识别文档的核心议题；在很多仅人类可读的合同中，将各种条款与条件提取出来并制作成表。以上这些任务通过传统的文本处理软件根本不可能完成，而自然语言处理技术仅针对简单的文本匹配与模式就能进行操作。

自然语言处理像计算机视觉技术一样，将各种有助于实现目标的多种技术进行了融合。建立语言模型来预测语言表达的概率分布，通过某一串给定字符或单词表达某一特定语义的最大可能性。选定的特征可以和文中的某些元素结合来识别一段文字，通过识别这些元素可以把某类文字同其他文字区别开来，例如垃圾邮件同正常邮件，以机器学习为驱动的分类方法将成为筛选的标准，用来决定一封邮件是否属于垃圾邮件。

4. 人机交互

人机交互主要研究人和计算机之间的信息交换，主要包括人到计算机和计算机到人的两部分信息交换，是人工智能领域的重要的外围技术。人机交互是与认知心理学、人机工程学、多媒体技术、虚拟现实技术等密切相关的综合学科。传统的人与计算机之间的信息交换主要依靠交互设备进行，主要包括键盘、鼠标、操纵杆、眼动跟踪器、位置跟踪器、数据手套、压力笔等输入设备，以及打印机、绘图仪、显示器、头盔式显示器、音箱等输出设备。人机交互技术除了传统的基本交互和图形交互外，还包括语音交互、情感交互、体感交互及脑机交互等技术。

5. 计算机视觉

计算机视觉是制造、医疗和军事等领域中各种智能系统不可分割的一部分。计算机视觉涉及计算机科学与工程、信号处理、物理学、应用数学和统计学、神经生理学和认知科学等多个领域的知识，已成为一门不同于人工智能、图像处理和模式识别等专业的成熟学科。计算机视觉研究的最终目标是，使计算机能够像人那样通过视觉观察理解世界，具有自主适应环境的能力。

计算机视觉研究的任务是理解一个图像，这里的图像是利用像素所描绘的景物。其研究领域涉及图像处理、模式识别、景物分析、图像解释、光学信息处理、视频信号处理以及图像理解。这些领域可分为如下三类：第一是信号处理，即研究把一个图像转换为具有所需特征的另一个图像的方法；第二是分类，即研究如何把图像划分为预定类别，分类是从图像中抽取一组预先确定的特征值，然后根据用于多维特征空间的统计决策方法决定一个图像是否符合某一类；第三是理解，即在给定某一图像的情况下，一个图像理解程序不仅描述这个图像的本身，而且也描述该图像所描绘的景物。

计算机视觉的前沿研究领域包括并行处理、定性视觉、动态和时变视觉、三维景物的建模与识别、实时图像压缩传输和复原、多光谱和彩色图像的处理等。计算机视觉已在机器人装配、卫星图像处理、工业过程监控、飞行器跟踪和制导以及电视实况转播等领域获得极为广泛的应用。

6. 生物特征识别

生物特征识别技术是指通过个体生理特征或行为特征对个体身份进行识别认证的技术。从应用流程看，生物特征识别通常分为注册和识别两个阶段。注册阶段通过传感器对人体的生物表征信息进行采集，如利用图像传感器对指纹和人脸等光学信息、麦克风对声学信息进行采集，利用数据预处理以及特征提取技术对采集的数据进行处理，得到相应的特征进行存储。识别过程采用与注册过程一致的信息采集方式对待识别人进行信息采集、数据预处理和特征提取，然后将提取的特征与存储的特征进行比对分析，完成识别。从应用任务看，生物特征识别一般分为辨认与确认两种任务，辨认是指从存储库中确定待识别人身份的过程，是一对多的问题；确认是指将待识别人信息与存储库中特定单人信息进行比对，确定身份的过程，是一对一的问题。

生物特征识别技术涉及的内容十分广泛，包括指纹、掌纹、人脸、虹膜、指静脉、声纹、步态等多种生物特征，其识别过程涉及图像处理、计算机视觉、语音识别、机器学习等多项技术。目前生物特征识别作为重要的智能化身份认证技术，在金融、公共安全、教育、交通等领域得到广泛的应用。

7. 虚拟现实/增强现实

虚拟现实（VR）/增强现实（AR）是以计算机为核心的新型视听技术。结合相关科学技术在一定范围内生成与真实环境在视觉、听觉、触感等方面高度近似的数字化环境。用户借助必要的设备与数字化环境中的对象进行交互，相互影响，获得近似真实环境的感受和体验，通过显示设备、跟踪定位设备、触力觉交互设备、数据获取设备、专用芯片等实现。

虚拟现实/增强现实从技术特征角度，按照不同处理阶段，可以分为获取与建模技术、分析与利用技术、交换与分发技术、展示与交互技术以及技术标准与评价体系五个方面：获取与建模技术研究如何把物理世界或者人类的创意进行数字化和模型化，难点是三维物理世界的数字化和模型化技术；分析与利用技术重点研究对数字内容进行分析、理解、搜索和知识化方法，其难点是在于内容的语义表示和分析；交换与分发技术主要强调各种网络环境下大规模的数字化内容流通、转换、集成和面向不同终端用户的个性化服务等，其核心是开放的内容交换和版权管理技术；展示与交换技术重点研究符合人类习惯数字内容的各种显示技术及交互方法，以期提高人对复杂信息的认知能力，其难点在于建立自然和谐的人机交互环境；标准与评价体系重点研究虚拟现实/增强现实基础资源、内容编目、信源编码等的规范标准以及相应的评估技术。

目前虚拟现实/增强现实面临的挑战主要体现在智能获取、应用设备、自由交互和感知融合四个方面。在硬件平台与装置、核心芯片与器件、软件平台与工具、相关标准与规范等方面存在一系列科学技术问题。总体来说虚拟现实/增强现实呈现虚拟现实系统智能化、虚实环境对象无缝融合、自然交互全方位与舒适化的发展趋势。

8. 机器人学

机器人学是机械结构学、传感技术和人工智能结合的产物。1948 年美国研制成功第一代遥控机械手，1959 年后第一台工业机器人诞生，从此相关研究不断取得进展。机器人的发展经历了以下几个阶段：第一代为程序控制机器人，它以"示教—再现"方式，一次又一次学习后进行再现，代替人类从事笨重、繁杂与重复的劳动；第二代为自适应机器人，它配备有相应的传感器，能获取作业环境的简单信息，允许操作对象的微小变化，对环境具有一定适应能力；第三代为分布式协同机器人，它装备有视觉、听觉、触觉多种类型传感器，在多个方向平台上感知多维信息，并具有较高的灵敏度，能对环境信息进行精确感知和实时分析，协同控制自己的多种行为，具有一定的自学习、自主决策和判断能力，能适应环境变化，能和其他机器人进行交互。

二、人工智能的应用

（一）生物识别

生物识别是指采用人体的生物标识（如指纹、人脸、虹膜等）进行比对，进而完成身份确认的一种技术方法。生物识别领域的主要特点是需要对大量的样本数据进行建模和计算，而人工智能技术的并行计算能力和迭代优化能力可以很好地保证数据处理的快速和准确。在生物识别应用领域，人工智能技术可以完成两方面的工作：一方面是将样本数据进行特征提取形成训练数据，通过训练数据训练识别模型；另一方面是通过学习模型完成生物信息的自动比对。

（二）自动驾驶

自动驾驶系统是一个集环境感知、规划决策、多等级辅助驾驶等功能于一体的综合系统，通过终端感知、信息收集、云端汇聚计算以及协同决策来完成整个工作流程。而人工智能技术的自主决策和自愈合等特性可以完成分布式的计算和决策，并通过自愈合、自适应的能力保证车路协同（V2X）通信的顺畅。在自动驾驶领域中，人工智能技术的工作包括使用机器学习理论的模式识别系统将路况信息自动识别出来，供自动驾驶系统作为汽车运行的依据，使用汽车自动运行系统，利用人工智能技术完成数据分析，从而自主地完成决策制定。

（三）自然语言处理

自然语言处理系统是一种让机器理解人类语言的系统。是一种机器学习算法，可以从数据中挖掘出语言学的一般性规律来助力机器对人类语言的理解，实现以规则和统计相结合的自然语言处理，而深度学习技术则可以有效地提升声音/文本语义处理、声学模型与语言模型建模、自然语言处理等领域的应用水平。

（四）网络自主优化

目前的网络自主优化非常复杂，不仅需要考虑不同制式的基站以及不同规格的接入终端，同时为了保证边缘用户服务质量以及通信系统本身的能耗问题，需要对基站的发射功率、波束角度、中继节点位置、天线数量等很多参数进行综合部署。网络自主优化应用神经网络和模糊逻辑，一方面可以处理复杂的数据，另一方面可通过隶属函数定式处理一些模糊的参数设定。

第六节　区　块　链

一、区块链的概念及其核心技术

（一）区块链的概念

区块链是一个分布式账本，一种通过去中心化、去信任的方式集体维护一个可靠数据库的技术方案。从数据的角度来看，区块链是一种几乎不可能被更改的分布式数据库。这里的"分布式"不仅体现为数据的分布式存储，也体现为数据的分布式记录（即由系统参与者共同维护）。从技术的角度来看，区块链并不是一种单一的技术，而是多种技术整合的结果。这些技术以新的结构组合在一起，形成了一种新的数据记录、存储和表达的方式。

（二）区块链的特征

1. 开放、共识

任何人都可以参与到区块链网络，每一台设备都能作为一个节点，每个节点都允许获得一份完整的数据库拷贝，节点之间基于一套共识机制，通过竞争度计算共同维护整个区块链。

2. 去中心化、去信任机制

区块链由众多的节点共同组成一个点对点的网络，不存在中心化的设备和管理机构，节点之间数据交互通过数字签名技术进行验证，不需要信任，只需要按照设置好的规则就行，节点之间不存在欺骗的问题。

3. 交易透明，双方匿名

区块链的运行规则是公开透明的，所有的数据信息也是公开的，每笔交易都对所有节点公开可见，由于节点之间是去信任的，所以节点不需要公开身份，每个参与的节点都是匿名的。

4. 不可篡改，可追溯

单个节点甚至多个节点对数据库的修改无法影响其他节点的数据库，区块链中的每一笔交易都通过密码学方法与两个相邻的两个区块串联，所以可以追溯每一笔交易的所有记录。

（三）区块链分类

根据网络范围，区块链可以分为公有链、私有链、联盟链。

1. 公有链

公有链是指无官方组织以及管理机构，无中心服务器，参与的节点按照系统规则自由接入网络，不受控制，节点间基于共识机制开展工作。

2. 私有链

私有链建立在一个集团内部，系统的运作规则根据集团要求进行设定，修改或者读取权限都被进行了一定的限制，同时保留着区块链的真实性和部分去中心化的特性。

3. 联盟链

联盟链由若干机构联合发起，介于公有链和私有链之间，兼具部分去中心化的特性，区块链上的读取权限可能是公开的，也有可能是部分公开的，也就是说通过内部指定多个预选的节点为"记账人"，"预选人"争夺记账权限，其他接入节点可以参与交易，但不过问记账过程。

（四）区块链核心技术

1. 分布式账本

分布式账本指的是交易记账由分布在不同地方的多个节点共同完成，而且每一个节点记录的是完整的账目，所以它们都可以参与监督交易的合法性，同时也可以共同为其作证。

跟传统的分布式存储有所不同，区块链的分布式存储的独特性主要体现在两个方面：一是区块链每个节点都按照区块链式结构存储完整的数据，传统分布式存储一般是将数据按照一定的规则分成多份进行存储；二是区块链每个节点存储都是独立的、地位等同，依靠共识机制保证存储的一致性，而传统分布式存储一般是通过中心节点往其他备份节点同步数据。没有任何一个节点可以单独记录账本数据，从而避免了单一记账人被控制或者被贿赂而记假账的可能。也由于记账节点足够多，理论上除非所有的节点被破坏，账目才会丢失，从而保证了账目数据的安全性。

2. 非对称加密技术

非对称加密技术（公钥加密）指在加密和解密两个过程中使用不同密钥。在这种加密技术中，每位用户都拥有一对钥匙：公钥和私钥。在加密过程中使用公钥，在解密过程中使用私钥。公钥是可以向全网公开的，而私钥需要用户自己保存。这样就解决了对称加密中密钥需要分享所带来的安全隐患。非对称加密与对称加密相比，其安全性更好，对称加密的通信双方使用相同的密钥，如果一方的密钥遭泄露，那么整个通信就会被破解。而非对称加密使用一对密钥，一个用来加密，一个用来解密，而且公钥是公开的，密钥是自己保存的，不需要像对称加密那样在通信之前要先同步密钥。

3. 共识机制

共识机制就是所有记账节点之间怎么达成共识，去认定一个记录的有效性，这既是认定的手段，也是防止篡改的手段。区块链提出了四种不同的共识机制，适用于不同的应用场景，在效率和安全性之间取得平衡。

区块链的共识机制具备"少数服从多数"以及"人人平等"的特点，其中"少数服从多数"并不完全指节点个数，也可以是计算能力、股权数或者其他的计算机可以比较的特征量。"人人平等"是当节点满足条件时，所有节点都有权优先提出共识结果、直接被其他节点认同，并最后有可能成为最终共识结果。以比特币为例，采用的是工作量证明，只有在控制了全网超过 51% 的记账节点的情况下，才有可能伪造出一条不存在的记录。当加入区块链的节点足够多就杜绝了造假的可能。

4. 智能合约

智能合约是基于那些可信的不可篡改的数据，可以自动化地执行一些预先定义好的规则和条款。以保险为例，如果说每个人的信息（包括医疗信息和风险发生的信息）都是真实可信的，就能够很便捷地在一些标准化的保险产品中，去进行自动化的理赔。

在保险公司的日常业务中，虽然交易不像银行和证券行业那样频繁，但是对可信数据的依赖是有增无减。因此，利用区块链技术，从数据管理的角度切入，能够有效地帮助保险公司提高风险管理能力。

5. 点对点分布式技术

点对点分布式技术又称对等互联网络技术，它依赖网络中参与者的计算能力和带宽，而不是把依赖都聚集在较少的几台服务器上。点对点分布式技术优势明显，其通过在多节点上复制数据，也增加了可靠性，并且在纯点对点分布式网络中，节点不需要依靠一个中心索引服务器来发现数据，系统不会出现单点崩溃。

二、区块链的应用

（一）区块链在金融领域的应用

1. 数字货币

比特币是目前区块链技术最广泛、最成功的运用，在比特币基础上，又衍生出了大量其他种类的去中心化数字货币。比特币的崛起颠覆了人类对货币的概念，它和数字货币的出现与扩展正在改变人类使用货币的方式。从过去人类使用实物交易，到发展物理货币及后来的信用货币，都是随着人类的商业行为及社会发展不断演进。随着电子金融及电子商务的崛起，数字货币安全、便利、低交易成本的独特性，更适合基于网络的商业行为，将来有可能取代物理货币的流通。

2. 支付清算

与传统支付体系相比，区块链支付可以为交易双方直接进行端到端支付，不涉及中间机构，在提高速度和降低成本方面具有优势。尤其是跨境支付方面，如果基于区块链技术构建一套通用的分布式银行间金融交易系统，可为用户提供全球范围的跨境、任意币种的实时支付清算服务，跨境支付将会变得便捷和低廉。

3. 数字票据

目前，国际区块链联盟 R3CEV 联合以太坊、微软共同研发了一套基于区块链技术的商业票据交易系统，包括高盛、摩根大通、瑞士联合银行、巴克莱银行等著名国际金融机构加入了试用，并对票据交易、票据签发、票据赎回等功能进行了测试。与现有电子票据体系的技术支撑架构完全不同，这种数字票据可在具备目前电子票据的所有功能和优点的基础上，进一步融合区块链技术的优势，成为一种更安全、更智能、更便捷的票据形式。

数字票据主要具有以下核心优势：一是可实现票据价值传递的去中心化，在传统票据交易中，往往需要由票据交易中心进行交易信息的转发和管理，而借助区块链技术，则可实现点对点交易，有效去除票据交易中心角色；二是能够有效防范票据市场风险。

4. 银行征信管理

在银行征信管理方面，区块链的优势在于可依靠程序算法自动记录信用信息，并存储在区块链网络的每一台计算机上，信息透明、不可窜改、使用成本低。商业银行可以用加密的形式存储并共享客户在本机构的信用信息，客户申请贷款时，贷款机构在获得授权后可通过直接调取区块链的相应信息数据直接完成征信信息查询，而不必再到央行申请征信信息查询。

5. 权益证明和交易所证券交易

在区块链系统中，交易信息具有不可窜改性和不可抵赖性。该属性可充分应用于对权益的所有者进行确权。对于需要永久性存储的交易记录，区块链是理想的解决方案，可适用于房产所有权、车辆所有权、股权交易等场景。股权证明是目前尝试应用最多的领域，股权所有者凭借私钥，可证明对该股权的所有权，股权转让时通过区块链系统转让给下家，产权明晰、记录明确、整个过程也无须第三方的参与。

6. 保险管理

随着区块链技术的发展，未来关于个人的健康状况、发生事故记录等信息可能会上传至区块链中，使保险公司在客户投保时可以更加及时、准确地获得风险信息，从而降低核保成本、提升效率。区块链的共享透明特点降低了信息不对称，还可降低逆向选择风险，而其历史可追踪的特点，则有利于减少道德风险，进而降低保险的管理难度和管理成本。

7. 金融审计

由于区块链技术能够保证所有数据的完整性、永久性和不可更改性，所以可有效解决审计行业在交易取证、追踪、关联、回溯等方面的难点。

8. 客户征信与反欺诈

记载于区块链中的客户信息与交易记录有助于银行识别异常交易并有效防止欺诈。区块链的技术特性可以改变现有的征信体系，在银行进行客户身份识别时，将不良记录客户的数据储存在区块链中。客户信息及交易记录不仅可以随时更新，同时，在客户信息保护法规的框架下，如果能实现客户信息和交易记录的自动化加密关联共享，银行之间能省去许多重复工作。银行也可以通过分析和监测在共享的分布式账本内客户交易行为的异常状态，及时发现并阻止欺诈行为。

9. 跨境支付与结算

区块链可摒弃第三方金融机构，实现点到点快速且成本低廉的跨境支付。通过区块链的平台，不但可以绕过第三方金融机构，减少中转费用，还因为区块链安全、透明、低风险的特性，提高了跨境汇款的安全性，以及加快结算与清算速度，大大提高资金利用率。

未来,银行与银行之间可以不再通过第三方,而是通过区块链技术打造点对点的支付方式。省去第三方金融机构的中间环节,不但可以全天候支付、实时到账、提现简便及没有隐形成本,也有助于降低跨境电商资金风险及满足跨境电商对支付清算服务的及时性、便捷性需求。

10. 票据与供应链金融业务

借助区块链的技术,可以直接实现点对点之间的价值传递,不需要特定的实物票据或是中心系统进行控制和验证。中介的角色将被消除,也减少人为操作因素的介入。供应链金融也能通过区块链减少人工成本、提高安全度及实现端到端透明化。未来通过区块链,供应链金融业务将能大幅减少人工的介入,所有参与方(包括供货商、进货商、银行)都能使用一个去中心化的账本分享文件并在达到预定的时间和结果时自动进行支付,极大提高效率及减少人工交易可能造成的失误。

11. 证券发行与交易

区块链技术使得金融交易市场的参与者享用平等的数据来源,让交易流程更加公开、透明、有效率。通过共享的网络系统参与证券交易,使得原本高度依赖中介的传统交易模式变为分散的平面网络交易模式。这种革命性交易模式在西方金融市场的实践中已经显现出巨大优势,其能大幅度减少证券交易成本,可使证券交易的流程更简洁、透明、快速,减少重复功能的 IT 系统,提高市场运转的效率。

(二)区块链在医疗保健领域的应用

区块链在医疗保健领域的应用前景巨大,对比其他非金融领域的应用场景,医疗区块链的模式将更有可能投入到实际应用中去。

1. DNA 钱包

DNA 钱包是指用区块链来储存基因和医疗数据,DNA 钱包可以通过设置私钥的方式来保证基因和医疗数据的安全性与保密性。

2. 电子健康病历

电子健康病历就是患者的病例信息转变为电子档案,在电子健康病历中引入区块链的技术,使患者的就医诊断记录具有可追溯性和不可更改性。

3. 医药临床试验和人口健康研究

区块链技术能够提供实时可追踪的医药临床试验记录、研究报告和结果,且这些数据不可改变,为解决结果交换、数据探测和选择性报告等问题创造了可能,从而减少医药临床试验记录中的造假和错误。在精准医疗和人口健康管理等领域的医疗研究创新上,区块链系统还能推动医药临床试验人员与研究人员之间的高度协作。

4. 医疗欺诈与理赔

区块链中记录的不可变更性使区块链能有效跟踪历史记录，可以有效降低医疗欺诈率。区块链运行在大量个人电脑上，每个记录都由许多设备保存。如果有人试图更改特定的医疗记录，如窜改医疗检测结果，所有网络节点能够对该记录实行监控且拒绝通过更改特定医疗记录的请求，减少因更改记录引发的医疗欺诈。传统的理赔受人为及时间限制较强，如核保过程最终的人为判断，出险理赔需要一定的时间，使得患者无法准确及时获得险金。在区块链的分权账本上，可以非常有效地跟踪每一步交易记录及理赔过程，从而可以在几分钟内立即提出理赔解决方案，完成理赔。

（三）区块链技术在供应链领域的应用

供应链是一个从供应商开始，经制造商、运输商、分销商最终到消费者的网链式结构。供应链管理就是对整个供应链系统进行计划、协调、操作、控制和优化的过程，其目的是使这一过程所耗费的总成本最少。在这个网络中，各个角色之间最大的问题就是信任问题。因为只有建立信任才能协作完成一个完整的产品制造和销售过程。供应链管理面对的首要问题就是如何降低信任成本，将原本松散的组织结构变为互信的链式结构，每个角色必须通过有效的链上管理来协调自身和外部的资源，从而满足市场需求。

在这个链式结构中，有信息流、物流、资金流三种流动过程。

（1）信息流是指每个角色需要了解并追踪产品在供应链中的当前位置和状态。

（2）物流是指产品或原材料被转移到目标角色手中的过程。

（3）资金流是指上下游资金结算的过程。

在采购阶段，原料供应商需要提供原材料的生产证明信息，以及用于帮助识别该原材料特征的标签、生产商生产该原材料的年产量信息等，这些参数可以针对不同类型的原材料进行调整。原材料作为产品的源头，其真实性尤为重要，这些原材料的信息都需要登记到区块链中，如果信息过大，可只将其数字指纹记录在区块链中。

在制造阶段，其输入必须为上述采购阶段的输出。如果产品制造需要多种原材料，则把每一种原材料都作为输入，记录制造方、制造时间戳等信息，输出为产品。在销售阶段，为每件产品生成一个标签，标签可通过二维码、近距离无线通信、射频识别标签等技术形式链接到产品原材料、成分或者产品本身的区块链证明。消费者取得产品之后，通过扫描标签可以自动获取其来源信息以及流通全过程。

在物流阶段，采用数字签名和密钥，可以充分保证信息安全和用户隐私。每个快递员或快递点都有自己的私钥，是否签收或交付只需要查一下区块链即可。没有收到快递的用户是不会产生签收记载的，因为快递员不能伪造签名，这能够降低用户的投诉率，防止货物的误拿和误领。安全隐私有了保障，实名制的接受程度提高，从而推进物流实名制的实施。

思考与练习题

1. 简述大数据的特点并举例说明大数据的具体应用。
2. 简述对移动互联网和物联网关系的理解。
3. 云计算的"云"可以怎么理解？
4. 简述人工智能的发展阶段。
5. 简述物联网的主要特点。

第四章　管理信息系统规划

本章主要讨论管理信息系统的规划及常见方法。管理信息系统的建设与开发周期漫长，投资巨大，有效的管理信息系统建设与开发会实现企业管理运营能力的变革，带来生产效率的显著提升。通过合理、控制开发周期和成本，为突发事件提供预案机制，实现对管理信息系统建设的整体把控，做到胸中有数，降低失败风险。管理信息系统的开发和规划也有一些一般性的规律和方法，以及辅助实现的工具。本章将对这些内容进行介绍。

第一节　管理信息系统规划的重要性

一、管理信息系统规划的概念

管理信息系统的总体规划也称战略规划，是关于管理信息系统长远发展的规划，是一种被决策者、管理者和开发者共同制定和遵守的建立信息系统的纲领。管理信息系统规划是关于信息系统长远发展的规划。它既可以看成是企业规划的一个重要组成部分，也可以看成是企业规划的一个专门性规划。

管理信息系统规划是一个组织有关信息系统建设与应用的战略目标、策略和部署的全局性谋划，它的地位可以从两个方面来考察：一是与企业战略规划的关系；二是与企业信息化规划的关系。对于企业而言，管理信息系统是企业的组成部分，是企业系统的一个主要子系统。企业信息系统的根本目的是支持企业战略目标的实现，所以管理信息系统的规划应该与企业的战略规划相一致。企业战略规划中应该包含管理信息系统建设的主题，指出总体方向。管理信息系统规划是该主题的进一步展开。

管理信息系统规划是将组织目标、支持组织目标所必要的信息、提供这些必要信息的信息系统，以及这些管理信息系统的实施等诸要素集成的信息系统方案，是面向组织中信息系统发展远景的系统开发计划。管理信息系统的规划是系统生命周期中的第一个阶段，也是系统开发过程的第一步，其质量直接影响着系统开发的成败。

自20世纪60年代起，管理信息系统规划就受到企业界和学术界的高度重视，许多学者和组织在实践的基础上提出了不同的看法。但是，由于组织的特点、类型和对规划具体需求的多样性，导致在进行信息系统规划的过程中经常遇到各种各样的问题。因此，如何正确应用信息系统规划方法，针对组织的具体特点和需求来进行规划，成为企业管理信息系统建设中的主要问题。

二、管理信息系统规划的任务、目标与原则

（一）管理信息系统规划的任务

1. 确定系统的体系结构

从管理信息系统的全局出发对系统进行调查和分析，从总体上确定管理信息系统的体系结构。

2. 提出系统开发的优先顺序

将管理信息系统分成若干个小的系统，确立子系统之间的关联条件，设计子系统开发的优先顺序，提出系统资源的分配计划和实施计划。

3. 设计计算机的逻辑配置方案

根据当前的计算机发展情况和网络环境，提出计算机的逻辑配置设计方案。

（二）管理信息系统规划的目标

管理信息系统的目标的选择，首先要与企业战略目标相一致，然后再针对企业面临的挑战和机遇，考虑管理信息系统能够解决的问题与解决的程度。该工作建立在对企业及其环境全面分析的基础上。

既然管理信息系统的目标要与企业战略目标相一致。那么管理信息系统的目标主要是从解决企业问题，或推进企业变革的角度来设立的。举例来说，如果企业以产品战略为主战略，即通过产品来取胜，那么要求管理信息系统能够支持产品的研究与开发，降低产品的成本，提高产品的质量。如果企业一个时期的战略是扩大市场份额，那么就需要支持市场营销活动，改善客户关系的管理信息系统。如果企业要全面改进业务处理和管理的绩效，提高响应速度，那么企业应该建设企业级的面向业务流程的管理信息系统。

（三）管理信息系统规划的原则

1. 支持企业的总目标

企业的战略目标是管理信息系统规划的出发点。管理信息系统规划从企业目标出发，分析企业管理的信息需求，逐步导出管理信息系统的战略目标和总体结构。

2. 系统结构具有良好的整体性

管理信息系统的规划和实现过程大体是一个自上而下规划，自下而上实现的过程。采用自上而下的规划方法，可以保证系统结构的完整性和信息的一致性。

3. 整体着眼于高层管理，兼顾各管理层的要求

总体规划是针对战略层、控制层和业务层 3 个层次开展的信息需求规划。

4. 摆脱管理信息系统对组织机构的依从性

首先着眼于企业过程。企业最基本的活动和决策可以独立于任何管理层和管理职责。组织机构可以有变动，但最基本的活动和决策大体上是不变的。对于企业过程的了解往往从现行组织机构入手，但只有摆脱对它的依从性，才能提高信息系统的应变能力。

5. 便于实施

管理信息系统规划应给后续工作提供指导，要便于实施。方案选择应追求时效，宜选择最经济、简单、易于实施的方案；技术手段强调实用，不片面求新。

三、管理信息系统规划的作用与意义

近年来，经济全球化和全球信息化迅猛发展，信息技术及其应用已经渗透到经济和社会的各个领域，成为提升产业结构与质量、提高劳动生产率、促进经济增长、增强国家综合实力的最为先进的生产力。国内几乎所有企业在企业信息化建设方面都逐步加大了 IT 项目资金和人员的投入，各类与企业业务相关的应用系统建设纷纷启动。

（一）管理信息系统规划的作用

规划是人们对较长时期内要做的事情进行总体的、全面的计划、部署和安排，是准备付诸实施的方案。管理信息系统的开发就是一项庞大的系统工程，具有开发周期长。资金投资大、技术要求高、承担风险大等特点，比一般的技术工程有更大的难度。管理信息系统规划工作将直接影响整个管理信息系统的成败，所以在规划的全过程中，一定要按照相应的原则和方法来进行，以保证管理信息系统的质量。

建立一个高效的管理信息系统，必须站在整个组织的战略高度，对组织的信息系统总体目标、发展战略、信息资源和系统开发工作进行综合性的规划。良好的系统规划可以保证管理信息系统能够支持组织长期战略目标的实现，更有效地开发使用组织的信息资源和信息系统，使管理信息系统的建设能够在统一的组织目标、发展战略及有效的环境下进行。因此，认真制定能有效支持组织战略发展的管理信息系统规划是现代管理信息系统成功开发的基础。

制定管理信息系统战略规划的作用在于：合理分配和利用信息资源以节省信息系统的投资；通过制定规划，找出存在的问题，更准确地识别出为实现企业目标必须完成的任务，促进管理信息系统应用，带来更多的经济效益；指导管理信息系统系统开发，用规划作为将来考核系统开发工作的标准。

（二）管理信息系统规划的意义

良好的系统总体规划可以从全局的角度使管理信息系统具有明确的目标和科学的开发计划，能够大大提高系统的适用性和可靠性、节约开发成本，其意义主要体现在以下 4 个方面。

1. 总体规划是系统开发的前提条件

管理信息系统的开发涉及众多的管理部门,需要在总体规划阶段对各种资源进行统筹安排和协调,以避免人力、物力和财力的浪费,从而影响系统的开发进度。良好的总体规划是建立管理信息系统的前提条件。

2. 总体规划是系统顺利开发的保证

总体规划的主要工作是对管理信息系统的目标、环境、业务和决策行为进行统筹协调。总体规划可以保证系统的开发可以严格按照计划有序进行,同时也允许对开发过程中的偏差进行及时修改、调整和完善,有效地避免因为缺少规划而造成的损失。

3. 总体规划是系统开发的纲领

总体规划明确规定了管理信息系统开发的目标、任务、方法、相关人员必须共同遵守的准则以及系统开发过程的管理和控制手段等,这些是指导管理信息系统开发的纲领性文件。

4. 总体规划是系统验收评价的标准

管理信息系统开发完成后,如何对系统的功能和运行结果进行测试、验收和评价是关系到用户满意度的重要问题。测试、验收以及评价工作都是以总体规划为标准进行的,只有符合总体规划标准的系统开发才被认为是成功的。

第二节　管理信息系统规划的基本理论

一、管理信息系统规划的内容

管理信息系统规划是提供资源分配及进行控制的基础,可分为短期计划(1年以内)和长期规划(1年以上)。长期规划规划方针战略,短期计划则主要是拟定工作内容和制定绩效衡量方法。作为规划来说,一般包括管理信息系统总目标、子目标与管理信息系统架构等,通过现有资源分析、预测未来信息技术的发展及子计划和管理信息系统计划的更新等。管理信息系统战略规划一般包括三年或更长期的计划,也包含一年的短期计划。规划的内容主要包括以下五个方面:

（1）管理信息系统的目标、限制条件及总体结构;

（2）单位（企业、部门）的现状;

（3）业务流程的现状、存在的问题和不足, 以及流程在新技术条件下的如何重组;

（4）对影响规划的信息技术发展的预测;

（5）近期计划。

同时, 管理信息系统的规划制定完成之后, 还需要定期进行修改、更新和完善。

一方面，人员变化、技术变革、组织自身的变化都可能影响到整个规划，甚至一种新的硬件或软件的推出也能影响到规划。另一方面，修改规划的原因还可能来自管理信息系统之外的因素，如财务限制、政府的规章制度、竞争对手采取的行动等。诸多因素也会影响原有的计划，如设备的更新、人事的变动、科技的进步、经验的积累、对系统需求的转变以及组织的变动都会影响原有的计划。对这些变化均应加以评估，并据之修正原有的计划。

二、信息系统发展的阶段论（诺兰阶段模型）

管理信息系统在组织管理中的应用，一般要经历从初级到成熟的发展阶段。美国管理信息系统专家理查德·诺兰在总结 200 多个企业及部门发展管理信息系统的实践和经验的基础上，于 1973 年首次提出了管理信息系统进化的阶段模型，即诺兰阶段模型。1980 年，诺兰进一步完善该理论，将管理信息系统的成长过程总结为几个不同的阶段，并强调任何组织在发展计算机为基础的管理信息系统时都必须逐步发展，不能实现跳跃式发展。诺兰模型的六个发展阶段包括：初始阶段、扩展阶段、控制阶段、集成阶段、数据管理阶段和成熟阶段，如图 4.1 所示。诺兰阶段模型反映了企业信息系统发展应用的一般规律，其中，前三个阶段具有计算机时代的特征，后三个阶段具有信息时代的特征，转折点是进行信息资源规划的时机。

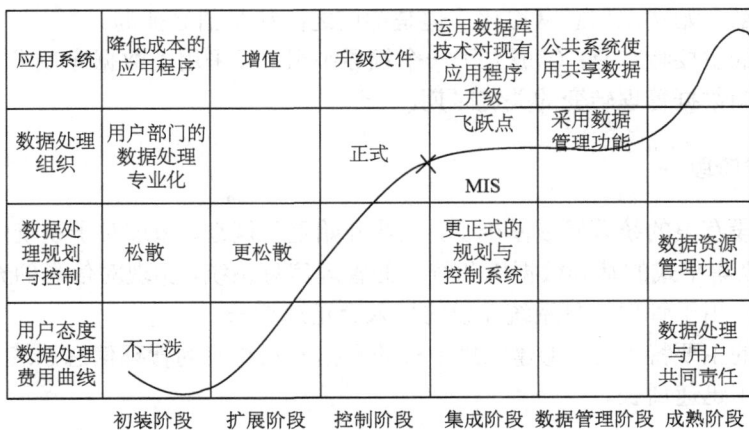

	初装阶段	扩展阶段	控制阶段	集成阶段	数据管理阶段	成熟阶段
应用系统	降低成本的应用程序	增值	升级文件	运用数据库技术对现有应用程序升级	公共系统使用共享数据	
数据处理组织	用户部门的数据处理专业化		正式	飞跃点　MIS	采用数据管理功能	
数据处理规划与控制	松散	更松散		更正式的规划与控制系统		数据资源管理计划
用户态度数据处理费用曲线	不干涉					数据处理与用户共同责任

图 4.1　诺兰阶段模型

（一）初始阶段

初始阶段是指组织（企业、部门）购置第一台计算机并初步开发管理应用程序的阶段。在这一阶段，计算机刚进入企业，只作为办公设备使用，组织中只有个别人具有使用计算机的能力，信息以人工记录的方式存在。企业对计算机基本不了解，更不清楚 IT 技术可以为企业带来哪些好处，能够解决哪些问题。

初始阶段的主要特点有：①组织中只有个别人具有使用计算机的能力；②该阶段一般发生在一个组织的财务部门。

（二）扩展阶段

随着计算机应用逐渐发挥出成效，企业中管理信息系统（管理应用程序）的应用开始从少数部门扩展到更多的部门。企业有更大意愿去借助计算机解决工作中的问题，并开始大幅度增加对软件开发的投入。此时，数据处理能力得到发展，但产生数据冗余、数据不一致、难以共享等问题，计算机使用效率不高。

这一阶段企业很容易出现盲目购机、盲目定制开发软件的现象，缺少计划和规划，所以应用水平不高，IT 的整体效用无法突显。

扩展阶段的主要特点有：①数据处理能力得到迅速发展；②出现许多新问题（如数据冗余、数据不一致、难以共享等）；③计算机使用效率不高。

（三）控制阶段

经过扩展阶段之后，企业管理者意识到计算机的数量超出控制，管理信息系统的投入比例增加，但回报低于预期，需要对计算机的使用进行合理控制。同时，随着企业对管理信息系统应用经验的积累，应用项目和场景的丰富，客观上要求加强不同部门的管理信息系统组织协调。在这个阶段，开始出现有企业领导和职能部门负责人参加的领导小组，对整改企业的管理信息系统建设进行统筹规划，并开始利用数据库技术解决数据共享问题。此时，部门内部开始实现信息网络化，但是部门之间还是信息孤岛。

控制阶段的主要特点有：①成立了一个领导小组；②采用了数据库技术；③这一阶段是计算机管理向数据管理转变的关键时期。

（四）集成阶段

在控制阶段有限的统筹发展基础上，企业开始重新规划，通过对子系统中的硬件进行重新连接，建立集中式的基础数据库和统一的管理信息系统，实现对信息的充分利用和管理。这个阶段，用于管理信息系统建设的投入会迅速增长。

集成阶段的主要特点有：①建立集中式的数据库及相应的管理信息系统；②增加大量硬件，预算费用迅速增长。

（五）数据管理阶段

诺兰认为，随着企业建立集成的管理信息系统和集中式数据库系统，信息在企业日常运营和决策，成长和发展中扮演越来越重要的角色。企业高层意识到信息战略的重要性，信息成为重要资源，企业的信息化建设也真正进入到数据管理阶段。

在这一阶段中，企业开始建设统一的数据库平台、数据管理体系和信息管理平台、统一的数据管理和使用，各部门、各系统基本实现资源整合、信息共享，IT 系统的规划及资源利用更加高效。

（六）成熟阶段

一般认为，在管理信息系统发展的成熟阶段，管理信息系统能够满足企业各个层次（高层、中层、基层）的需求，从简单的事务处理到支持高效管理的决策，将内部、外部的资源充分整合和利用，从而真正实现信息资源管理，提升企业的竞争力。

（七）信息系统发展的增长要素

诺兰阶段模型在预见管理信息系统发展的基本规律的同时，也指明了组织信息系统发展的 6 种增长要素：

（1）计算机硬软件资源，从早期的磁带向最新的分布式计算发展；

（2）应用方式，从批处理方式到联机方式；

（3）计划控制，从短期的、随机的计划到长期的、战略的规划；

（4）管理信息系统在组织中的地位，从附属于别的部门，发展为独立的部门；

（5）领导模式，随着用户和上层管理人员对管理信息系统的深入了解，管理信息系统的领导模式从技术领导为主逐渐过渡为上层管理部门与管理信息系统部门一起决定发展战略；

（6）用户意识，从作业管理层的用户发展到中、上级管理层。

诺兰阶段模型总结了管理信息系统发展的经验和规律，其基本思想对于管理信息系统建设具有指导意义。一般认为模型中的各阶段都是不能跳跃的。无论是确定开发管理信息系统的策略时，还是制定管理信息系统规划时，都应首先明确组织当前处于哪一发展阶段，进而根据该阶段特征来指导管理信息系统建设。

三、管理信息系统规划的步骤

管理信息系统的总体规划可以分为 10 个步骤，图 4.2 为总体规划步骤图。

（1）总体规划准备：准备阶段要系统梳理调查计划、调查对象和调查大纲的准备工作，保证规划顺利进行。

（2）组织机构调查：通过组织机构调查可以了解各部门的职责以及物流、资金流和信息流的情况。

（3）定义管理目标：确定各级管理的目标，各部门的目标要服从总体目标。只有明确组织的管理目标，管理信息系统才可能给组织提供支撑。

（4）定义管理功能：定义管理功能也称为定义业务过程，它是企业系统规划方法的核心，主要用于识别组织在管理过程中的主要活动和决策。

（5）定义数据类：数据类是支持业务过程所必需的逻辑上相关的数据，在定义管理功能的基础上对数据进行分类。数据分类是按业务过程来进行的，即分别从各项业务过程的角度将与该业务有关的输入和输出数据按逻辑相关性整理、归纳成的数据类型。

（6）综观原信息系统：从全局的角度对原有信息系统的数据及系统的各个部分进行定义。

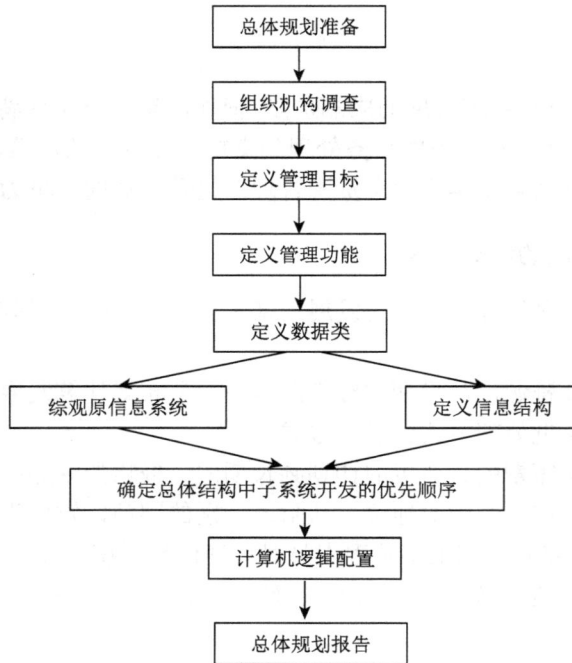

图 4.2　总体规划步骤图

　　（7）定义信息结构：确定信息系统各个部分及其相关数据之间的关系，导出各个独立性较强的模块。

　　（8）确定总体结构中子系统开发的优先顺序：即对信息系统总体结构中的子系统按先后顺序制订出开发计划。

　　（9）计算机逻辑配置：即对计算机系统进行逻辑配置，确定其网络结构。

　　（10）总体规划报告：完成总体规划报告，制订开发计划。

四、管理信息系统规划的特点

　　管理信息系统规划是面向高层和全局的需求分析，是高层次的系统分析，具有以下几个特点。

　　（1）管理信息系统规划着眼于高层管理，兼顾中层与操作层规划方面的内容，侧重于高层、具有具体准则的需求分析。

　　（2）管理信息系统规划把系统实施计划作为设计任务中的决策内容，并支持系统优先级的评估。战略规划的目标应当是明确的，不应是二义的。同时，好的战略的说明应当是通俗的，明确的和可执行的，它应当是各级管理者与参与者的向导，使各级相关人员能够确切地了解它，执行它，并使自己的战略和它保持一致。

　　（3）管理信息系统规划阶段将系统结构设计着眼于子系统的划分，对子系统的划分有明确的规则。

制定战略的人往往也是执行战略的人，一个好的战略计划只有依靠好的人员执行才能实现。所以，战略计划要一级级落实到个人。高层领导制定的战略一般应以方向和约束的形式告诉下级，下级接受任务，并以同样的方式告诉再下级，这样一级级的细化，做到深入人心，人人皆知，战略计划实现个人化。个人化的战略计划明确了每一个人的责任，可以充分调动每一个人的积极性：一方面激励了大家动脑筋想办法；另一方面增加了组织的生命力和创造性。在一个复杂的组织中，只靠高层领导一个人是难以识别所有机会的。

（4）管理信息系统规划是从宏观上对系统进行描述，对处理过程的描述限于"过程组"级，对数据的描述限于"数据类"级，并且兼顾较好的灵活性。

第三节　管理信息系统规划方法

管理信息系统规划主要包括企业系统规划（business system planning，BSP）法、关键成功因素（critical success factors，CSF）法以及战略目标集转移（strategy set transformation，SST）法等。其中企业系统规划法是 20 世纪 70 年代初被美国 IBM 公司用于企业内部系统开发的方法，也是一种有效的、能够辅助制定管理信息系统战略规划的结构化方法。

一个组织的目标可能不随时间而变，但它的活动范围和组织计划的形式无时无刻不在改变。现在所制定的战略计划只是一个暂时的文件，只适用于现在，应当进行周期性的校核和评审，使之适应变革的需要。在进行管理信息系统规划的过程中，系统规划内容、步骤与方法具有一定的对应关系，如图 4.3 所示。

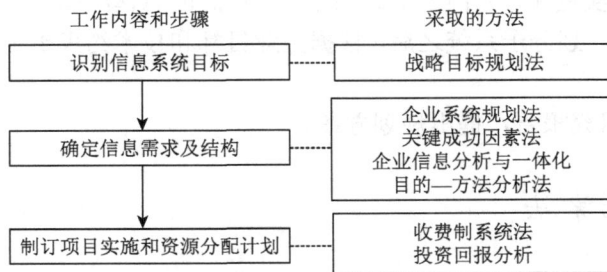

图 4.3　系统规划内容、步骤与方法

一、企业系统规划法

BSP 是一种能够帮助规划人员根据企业目标制定出管理信息系统战略规划的结构化方法。企业系统规划是通过全面的调查，分析企业信息需求，制订管理信息系统总体方案的一种方法，这种方法所支持的目标是企业各层次的目标，实现这种支持需要许多系统。

进行企业系统规划工作，大致分为以下几个步骤：

（1）定义企业目标；

（2）识别企业过程；

（3）定义数据类；

（4）定义信息结构。

BSP 的主要目标是提供一个管理信息系统战略规划，其目标包括：为管理者提供一种形式化的、客观的方法，建立信息系统开发的先后顺序，为使系统具有较长的生命周期做准备；提供数据处理资源的管理；通过及时响应用户需求改善信息系统管理部门和用户之间的关系；对数据进行统一规划、管理和控制。BSP 分为以下几个阶段。

（1）初步调查阶段：成立管理信息系统规划领导小组，进行初步调查。分析企业的现状、调研企业有关决策过程、各个职能部门的主要事务、主要问题、各级各类人员对管理信息系统的理解和态度。

（2）重构业务流程：重构业务流程是 BSP 方法的核心。所谓业务流程就是逻辑相关的一组决策或活动的集合，如订货服务、库存控制等。业务流程构成了整个企业的管理活动。识别业务流程可对企业如何完成其目标有较深的了解，可以作为建立管理信息系统的基础。按照业务流程所建造的管理信息系统，其功能与企业的组织机构相对独立，所以，组织结构的变动不会引起管理信息系统结构的变动。

（3）确定数据类：定义数据类型是 BSP 方法的另一个核心。所谓数据类型就是指支持业务过程所必需的逻辑上相关的一组数据。例如，合同数据包括了合同号、甲方编码、合同类型、标的、金额等。一个系统中存在着许多数据类型，如用户、产品、合同、库存等。

（4）设计管理信息系统总体结构：功能和数据类型定义后，可以得到一张功能/数据类表格，该表格又可称为功能/数据类矩阵或 U/C 矩阵。

（5）确定子系统实施顺序：由于资源的限制，信息的总体结构一般不能同时开发和实施，总有个先后次序。划分子系统之后，根据企业目标和技术约束确定子系统实现的优先顺序。

（6）编写 BSP 研究报告，提出规划方案。

二、关键成功因素法

1970 年，哈佛大学教授威廉·泽尼在管理信息系统模型中运用了关键成功变量，这些变量是确定管理信息系统成败的因素。10 年后，麻省理工学院教授约翰·罗卡特把 CSF 法提升成为管理信息系统的战略，成为管理信息系统规划的一种方法。

运用这种方法，管理人员和知识工作者找出他们所负责的领域内的几个 CSF。通过识别 CSF，知识工作者帮助确定信息需求并依次确定支持这些信息需求的 IT 系统。一个管理信息系统要获得成功，就需要对其 CSF 进行认真的、科学的评价，同时也要不断地对其进行调整。管理信息系统战略规划要描述管理信息系统的期望目标，CSF 法则要提供达到该目标的关键和需要测量的标准。

CSF 法是通过分析找到企业成功的关键因素，然后再围绕这些关键因素来确定系统的需求，并进行总体规划。使用 CFS 法，通常有以下几个步骤。

（1）通过详细调研，明确企业和管理信息系统的战略目标。

（2）管理信息系统通过分析影响战略目标的各种潜在成功因素和影响这些因素的子因素，确定 CSF，然后根据因素的重要性程度，确定关键成功因素。

（3）识别 CSF 的性能指标和标准。

（4）识别测量性能的数据。

CSF 源自企业目标，通过目标分解和识别、CSF 识别、性能指标识别，一直到产生数据字典（图 4.4）。CSF 就是要识别关系到系统目标的主要数据类及其关系。识别 CSF 所用的工具是树枝因果图。例如，某企业有一个目标是提供产品竞争力，可以用树枝因果图画出影响该目标的各种因素，以及影响这些因素的子因素，如图 4.5 所示。

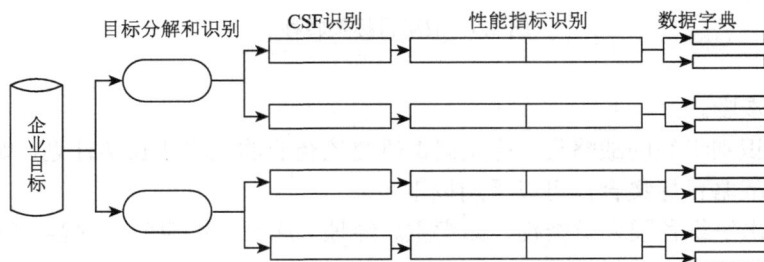

图 4.4　CSF 法示意图

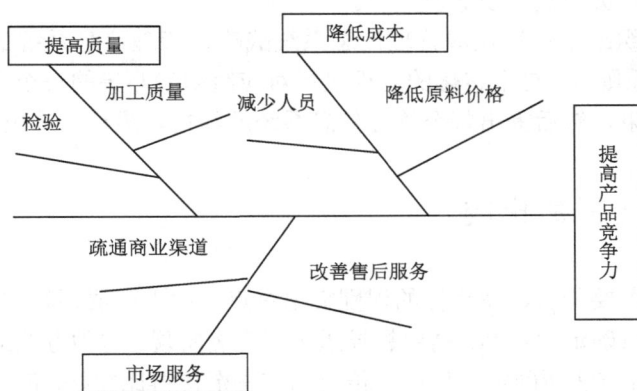

图 4.5　树枝因果图

不同的组织，其中的 CSF 可能是不同的，即使是同一组织的业务活动，在企业不同的发展阶段/时期，其 CSF 也会不同。CSF 法在高层应用一般效果好，因为每一个高层领导总在考虑什么是 CSF；对中层领导来说一般不太适合，因为中层领导所面临的决策大多数是结构化的，其自由度较小，对他们来说最好应用其他方法。

三、战略目标集转移法

SST 法是由威廉·金于 1978 年提出的，他把整个战略目标看成"信息集合"，由使命、目标、战略和其他战略变量（如管理的复杂性、改革习惯以及重要的环境约束）共同组成，MIS 的战略规划过程是把组织的战略目标转变为管理信息系统战略目标的过程，如图 4.6 所示。

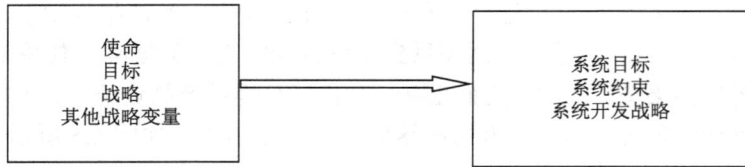

图 4.6　战略目标集转移法

SST 法的步骤。

第一步是识别组织的战略集，首先调查研究该企业的战略或长期计划，如果没有，就要去构造这种战略目标集合，可以采用以下步骤：

（1）描绘出组织各类人员结构，如卖主、经理、雇员、供应商、顾客、贷款人、政府代理人、地区社团及竞争者等；

（2）识别每类人员的目标；

（3）对于每类人员识别其使命及战略。

第二步是将组织战略集转化成管理信息系统战略，管理信息系统战略应包括系统目标、约束以及设计原则等。这个转化的过程包括对应组织战略集的每个元素识别对应的管理信息系统战略约束，然后提出整个管理信息系统的结构。最后，选出一个方案。

四、不同方法之间的比较

CSF 法能抓住主要矛盾，使目标的识别突出重点。由于高层领导比较熟悉这种方法，所以使用这种方法所确定的目标，高层领导乐于努力去实现。这种方法最有利于确定企业的管理目标。用这种方法所确定的目标和传统的方法衔接得比较好，但是一般最有利的只是在确定管理目标上，在以后目标细化和实现上作用很小。

SST 法从另一个角度识别管理目标，它反映了各类人的要求，而且给出了按这种要求的分层，然后转化为管理信息系统目标的结构化方法。它能保证目标比较全面，疏漏较少，但它在突出重点方面不如 CSF 法。

BSP 法虽然也首先强调目标，但它没有明显的目标引出过程。它通过管理人员酝酿"过程"引出了系统目标，企业目标到系统目标的转换是通过组织/系统、组织/过程以及系统/过程矩阵的分析得到的。这样可以定义出新的系统以支持企业过程，也就把企业的目标转化为系统的目标，所以识别企业过程是 BSP 战略规划的中心，但不能把 BSP 方法的中心内容当成 U/C 矩阵。

鉴于上述 3 种方法的优缺点，将上述三种方法结合起来使用的 CSB 方法（即 CSF 法、

SST 法和 BSP 法结合）也是一种系统规划的方法。这种方法先用 CSF 法确定企业目标，然后用 SST 法补充完善企业目标，并将这些目标转化为管理信息系统目标，用 BSP 法校核两个目标，并确定管理信息系统结构。这种方法可以弥补单个方法的不足，较好地完成规划，但过于复杂而削弱单个方法的灵活性。因此，迄今没有一种管理信息系统战略规划能称得上十全十美。由于战略规划本身的非结构性，可能永远也找不到一个唯一解。进行任何一个企业的规划均不应照搬以上方法，而应当具体情况具体分析，选择以上方法可取的思想，灵活运用各种方法。

第四节　管理信息系统开发策略和方法

一、管理信息系统的开发策略

管理信息系统的战略规划是开发管理信息系统的总规划。总规划完成以后，下一步便是分期分批地实现各个管理信息系统应用项目的开发。所谓管理信息系统项目，指的是一个组织中要开发的某一项应用，即一个应用系统，例如：库存管理系统，人事管理系统或供方信息系统等。

开发管理信息系统的常用策略包括以下两种。

（一）"自下而上"的开发策略

从现行系统的业务状况出发，先实现一个个具体的功能，逐步地由低级到高级建立整个管理信息系统。因为任何一个管理信息系统的基本功能都是处理数据，所以"自下而上"的策略首先从研制各项数据处理应用开始，然后根据需要逐步增加有关管理控制方面的功能。一些组织在初始和扩展阶段，各种条件（设备、资金、人力）尚不完备，常常采用这种开发策略。其优点是可以避免大规划系统出现运行不协调的危险；缺点是不能像想象那样完全周密，由于不能从整个系统角度出发考虑问题，随着系统的进展，往往要做许多重大修改，甚至重新规划、设计。

（二）"自上而下"的开发策略

"自上而下"的开发策略强调从整体上协调和规划，由全局到局部，从长远到近期，从探索合理的信息流来设计管理信息系统。由于这种开发策略要求很强的逻辑性，所以难度较大，但这是一种更合理的策略，是管理信息系统的发展走向集成和成熟的要求。整体性是系统的基本特性，虽然一个系统由许多子系统构成，但它们又是一个不可分割的整体。

通常"自下而上"的策略用于小型系统的设计，适用于对开发工作缺乏经验的情况。在实践中，对于大型系统往往是两种方法结合起来使用，即先"自上而下"地做好管理信息系统的战略规划，再"自下而上"地逐步实现各系统的应用开发。

二、管理信息系统的开发方法

管理信息系统开发的具体方法很多，通常将它们分为生命周期法、原型法、面向对象开发方法和计算机辅助软件工程（computer aided software engineering，CASE）开发方法等几大类。

（一）生命周期法

生命周期法是一种结构化系统开发方法，也是目前应用得最普遍的一种开发方法。生命周期法的基本思想是：用系统工程的思想和工程化的方法，按用户至上的原则，将一个复杂的系统分解成一个多层次的模块化结构，自上而下地对系所进行分析与设计。具体来说，就是先将整个系统开发过程划分为若干个独立的阶段，然后各阶段严格按步骤完成开发任务。其基本思想如图 4.7 所示。

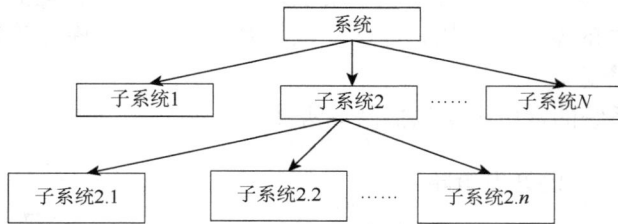

图 4.7　生命周期法的开发思想

生命周期法主要分为以下 5 个阶段。

1. 管理信息系统规划阶段

在管理信息系统规划阶段，系统开发人员根据用户的系统开发请求进行初步调查，明确问题，确定系统目标和总体结构，确定分阶段实施进度，然后进行可行性研究。

2. 管理信息系统分析阶段

管理信息系统分析阶段是新系统的逻辑设计阶段。管理信息系统分析员在对线性系统进行调查研究的基础上，使用一系列的图表工具进行系统的目标分析，分析业务流程，分析数据与数据流程，分析功能与数据之间的关系，划分子系统以及功能模块，构建出新系统的逻辑模型，确定其逻辑功能需求，交付新系统的逻辑设计说明书。系统分析阶段也是新系统设计方案的优化过程。数据流程图是新系统逻辑模型的主要组成部分，它在逻辑上描述新系统的功能、数据、输出和数据存储等，而摆脱了所有的物理内容。

3. 管理信息系统设计阶段

管理信息系统设计阶段又称新系统的物理设计阶段。系统分析员根据新系统的逻辑模型进行物理模型的设计，选择一个物理的计算机信息处理系统。这个阶段的任务是总体结构设计、代码设计、输入/输出设计、模块设计，根据设计要求购置与安装设备，进行调试，最终给出设计方案。

4. 管理信息系统实施阶段

管理信息系统实施阶段的内容包括程序设计及调试、系统转换及系统运行与评估等环节。这一阶段的成果，除了最终实现的管理信息系统外，还包括创建相关的技术文档（如程序说明书、使用说明书等）。

5. 管理信息系统运行维护阶段

进行管理信息系统的日常运行管理、维护和评价3部分工作。如果运行结果良好，则能够协助管理部门指导组织生产经营活动；如果存在一些小问题，则对系统进行修改、维护或是局部调整等；若存在重大问题（这种情况一般是运营若干年之后，系统运行的环境已经发生了根本的改变时才可能出现），用户将会进一步提出开发新系统的要求，这标志着旧系统生命的结束，新系统的诞生。

（二）原型法

运用生命周期法的前提条件是要求用户在项目开始初期就非常明确地陈述其需求，需求陈述出现错误，对管理信息系统开发的影响尤为严重。而事实上这种依靠用户提供需求，开发者完全满足用户需求的情况又难以实现。因此，能否有一种方法能够迅速发现需求和需求错误，使得管理信息系统的开发能迅速满足用户的需要？原型法是随着计算机软件技术的发展，特别是在关系数据库系统、第四代程序生成语言和各种系统开发生成环境产生的基础之上，提出的一种全新的系统开发方法。这种方法是为了快速开发系统而推出的一种新模式，旨在改进生命周期法的不足，缩短开发周期，减少开发风险。与生命周期法相比，原型法扬弃了那种一步步周密细致的调查分析，然后逐步整理出文字档案，最后才能让用户看到结果的做法。当图形用户界面出现之后，自20世纪80年代中期以来，原型法逐步被接受，并成为一种流行的管理信息系统开发方法。

1. 原型法的基本思想

所谓原型，即可以逐步改进成可运行系统的模型，这个模型不是仅仅表示在纸面上的系统，而是个实实在在的可以在计算机上运行、操作的工作模型，并具有最终系统的基本特征。

原型法是系统开发人员在初步了解用户需求的基础上，借助功能强大的辅助系统开发工具，快速开发一个原型（初始模型），从而使用户及早地看到一个真实的应用系统。在此基础上，利用原型不断提炼用户需求，不断改进原型设计，直至使原型变成最终系统。

原型的基本思想如图4.8所示。

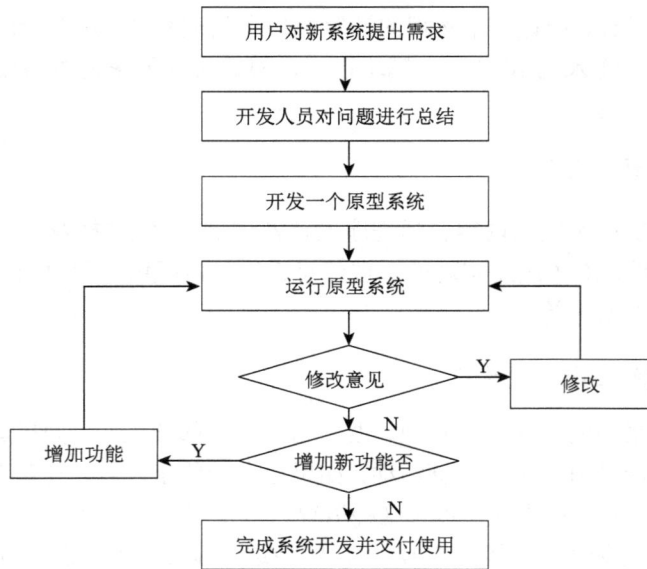

图 4.8 原型法基本思想示意图

2. 原型法开发的步骤

原型法的开发步骤一般包括：①确定用户的基本需求；②开发一个初始原型；③使用和评价系统原型；④修改原型；⑤判定原型完成；⑥整理原型，交付使用。

3. 原型法的优缺点

由于原型法不需要对系统需求进行完整的定义，而是根据用户的基本需求快速开发出系统原型，开发人员根据用户需求对原型不断"使用—评价—修改"，逐步完善对系统需求的认识和系统的设计，所以，它具有如下优点：①原型法符合人类认识事物的规律，更容易使人接受；②改进了开发人员与用户的信息交流方式；③开发周期短、费用低；④应变能力强；⑤用户满意程度高。

然而，原型法的使用也具有一定的适用范围和局限性，主要表现在：①不能开发大型管理信息系统；②原型法建立的基础是最初的解决方案，以后的循环和重复都在以前的原型基础上进行，如果最初的原型不适合，则系统开发会遇到较大的困难；③如原有的手工信息处理过程混乱，则以此为借鉴构造的原型法也继承了这一缺点，系统开发容易走上机械地模拟原来手工系统的轨道；④没有正规的分阶段评价，所以对原型的功能范围的掌握有困难，由于用户的需求总在改变，系统开发永远不能结束；⑤由于原型法的系统开发不规范，系统备份与恢复，系统性能和安全问题往往容易被忽视。

（三）面向对象的开发方法

面向对象（object oriented，OO）方法是一种认识客观世界，从结构组织模拟客观世界的方法。面向对象方法产生于 20 世纪 60 年代，在 20 世纪 80 年代后获得广泛应用。面向对象的角度为人们认识事物、进而为开发系统提供了一种全新的方法。这种方法以类、继承等概念描述客观事物及其联系，为管理信息系统的开发提供了全新思路，已经成为重要开发方法之一。

1. 面向对象方法的基本思想

面向对象的开发方法认为：客观世界是由许多各种各样的对象组成，每种对象都有各自的内部状态和运动规律，不同对象之间的相互作用和联系就构成了各种不同的系统。人们设计和实现一个客观系统时，如果能在满足需求的条件下，把系统设计成由一些不可变的（相对固定）部分组成的最小集合，这个设计就是最好的。因为它把握了事物的本质，因而不再被周围环境（物理环境和管理模式）的变化以及用户需求变化所左右，而这些不可变的部分就是所谓的对象。客观事物都是由对象组成的，对象是在原来事物基础上抽象出来的结构。任何复杂的事物都可以通过对象的某种组合而构成。

2. 面向对象方法的开发过程

按照面向对象方法的基本思想，可将其开发过程分为四个阶段：①系统调查和需求分析阶段，对所有研究的系统面临的具体管理问题以及用户对系统开发的需求进行调查研究，明确开发目标；②系统分析阶段，在繁杂的问题领域抽象和识别出对象及其行为、结构和属性；③系统设计阶段，根据系统分析阶段的文档资料，进行进一步的抽象、归类、整理，运用模型法构造出系统的模型；④系统实现阶段，根据系统设计阶段的文档资料，运用面向对象的程序设计语言加以实现。

3. 面向对象方法的特点

面向对象法以对象为中心，具有以下特点。

1）封装性

面向对象方法中，程序和数据是封装在一起的，对象作为一个实体，其操作隐藏在方法中，其状态由对象的"属性"来描述，并且只能通过对象中的"方法"来改变，外界无从得知。封装性构成了面向对象方法的基础，因此，这种方法的创始人科德和尤登认为，面向对象方法就是"对象＋属性＋方法"。

2）抽象性

面向对象方法中，把从具有共同性质的实体中抽象出来的事物本质特征称为"类"，对象是类的一个实例。类封装了对象共有的属性和方法，通过实例化一个类创建的对象，自动具有类中规定的属性和方法。

3）继承性

继承性是类特有的性质，类可以派生出子类，子类自动继承父类的属性和方法。这样，在定义子类时，只需说明它不同于父类的特性，从而可以大大提高软件的可重用性。

4）动态链接性

对象间的联系是通过对象间的消息传递动态建立起来的。

面向对象方法虽然也包括分析、设计、实现以及运行和维护等阶段，但它的生命周期是反复累增的过程，这种过程与传统的结构化系统方法不同，既非严格的自上向下，也非严格的自下而上。

4. 面向对象方法的优缺点

面向对象方法更接近现实世界，可以很好地限制由于不同的人对于系统的不同理解所造成的偏差；以对象为中心，利用特定的软件工具直接完成从对象客体的描述到软件结构间的转换，解决了从分析和设计到软件模块结构之间多次转换的繁杂过程，缩短了开发周期，是一种很有发展潜力的系统开发方法。

然而，该方法需要一定的软件基础支撑，并且在大型管理信息系统开发中不进行自上而下的整体划分，而直接采用自下而上的开发，很难兼顾系统的全面性，造成系统结构不合理，各部分关系失调等问题。面向对象系统开发使分析与设计更加密不可分，由于重用性的提高，程序设计比重越来越小，系统测试和维护得到简化和扩充，开发模型越来越注重对象之间交互能力的描述。

（四）CASE 方法

CASE 是指用来支持管理信息系统开发的、由各种计算机辅助软件和工具组成的大型综合性软件开发环境，随着各种工具和软件技术的产生、发展、完善和不断集成，逐步由单纯的辅助开发工具环境转化为一种相对独立的方法论。

CASE 是 20 世纪 80 年代末从计算机辅助编程工具、第四代语言（4GL）及绘图工具发展而来的。目前，CASE 仍是一个发展中的概念，各种 CASE 软件也较多，没有统一的模式和标准。采用 CASE 工具进行系统开发，必须结合一种具体的开发方法，如结构化系统开发法、面向对象开发方法或原型法等，CASE 方法只是为具体的开发方法提供了支持每一步骤的专门工具。因此，CASE 工具实际上把原先由手工完成的开发过程转变为以自动化工具为支撑环境的自动化开发过程。

1. CASE 方法的基本思路

CASE 方法解决系统开发问题的基本思想是：结合系统独立开发的各种具体方法，在完成对目标规划和详细调查后，如果系统开发过程的每一步都相对独立且彼此形成对应关系，则整个系统开发就可以应用专门的软件开发工具和集成开发环境（CASE 工具、CASE 系统、CASE 工具箱、CASE 工作台等）来实现。

CASE 开发过程中的对应关系与所采用的具体系统开发方法有关，大致包括：结构化方法中的业务流程分析、数据流程分析、功能模块设计、程序实现、业务功能一览表、数据分析、指标体系、数据/过程分析、数据分布、数据库设计和数据库系统等；面向对象开发方法中的问题抽象、属性结构和方法定义、对象分类、确定范式、程序实现等。但是在实际开发过程中，上述对应关系不一定完全一一对应，利用 CASE 方法开发的结果之间可能无法实现平滑的链接，仍然需要开发人员根据实际进行修改、补充。

2. CASE 方法的特点

CASE 方法解决了从客观对象到软件系统的映射关系，支持系统开发的全过程；提高了软件质量和软件重用性、加快了软件开发的速度、简化了软件开发的管理和维护；自动生成开发过程中的各种软件文档，如各类图表、程序等。

第五节　企业业务流程重组

企业业务流程重组（business process reengineering，BPR）是对企业过程进行根本的再思考和彻底的再设计，以求企业在关键性能指标（如成本、质量、服务和速度）上的大幅提高。BPR 和信息系统规划（information system planning，ISP）有着非常密切的关系，它们有共同的规划思想——使顾客满意，均采用系统的方法由系统队伍去完成。在实际工作中，ISP 工作与 BPR 紧密联结，共同促进信息系统的完善和企业流程设计。

一、企业业务流程重组的概念

企业业务流程是指企业为完成企业目标或任务而进行的一系列跨越时间空间的逻辑相关的业务活动。例如，网上购书流程：用户登录线上商城；根据书名检索图书，若平台有书，在线上下单并付款；线上商城看到订单，联系物流完成配送。而线下书店在手工管理方式下运行，已经形成了一个比较成熟的购书流程和管理办法。信息技术的应用已经改变原有的信息采集、加工、处理、使用等方式，甚至使信息的质量、获取途径、信息传递的手段等发生根本性变化。如果在管理信息系统建设中仅仅用计算机系统去模拟原来的手工管理系统，并不能从根本上提高企业的竞争能力，重要的是重组企业流程，按信息处理的特点对现有的企业流程进行重新设计，这是提高企业运行效率的重要途径。

企业业务流程重组是对企业业务流程进行根本性的再思考和彻底的再设计，以便使业绩获得显著改善。其中，"根本性"表明业务流程重组所关注的是企业核心问题，是要对现行系统进行彻底的解析，这种变革是本质的、革命性的，而不流于表面的；"彻底性"表明要抛弃所有的陈规陋习以及忽视一切规定的结构与过程，设计全新的工作方法。企业业务流程重组是对企业进行重新构造而不是进行改良、调整或增强；"显著"表明业务流程重组寻求的不是一般意义的业绩提升或改善，而是能够给企业业绩带来极大的飞跃。

二、企业业务流程重组的基本思想

企业业务流程重组的基本思想主要体现在以下几个方面。

1. 管理方式：从职能管理转向业务流程管理

企业业务流程重组强调管理要面向业务流程，对业务流程的管理要以顾客为中心，将决策点定位于业务流程执行的地方，在业务流程中建立控制程序，从而大大消除原有的各部门间的摩擦，降低管理费用和管理成本，减少无效劳动并提高对顾客的反应速度。

2. 系统观念：从局部最优转向企业整体最优

对企业进行业务流程重组实际上是系统思想在重组企业业务流程过程中的具体实施，它强调整体最优而不是单个环节或作业任务的最优。

3. 组织结构：从组织决定流程转向流程决定组织

业务流程重组以适应"顾客、竞争和变化"为原则重新设计企业业务流程，然后根据业务流程管理与协调的要求设立部门，通过在流程中建立控制程序来尽量压缩管理层次，建立扁平式管理组织，提高管理效率。也就是说，组织为流程而定，而不是流程为组织而定。

4. 流程扩展：从单个企业竞争转向企业供应链竞争

企业在信息时代仅靠自身的资源不可能有效地参与市场竞争，必须把经营过程中的相关各方，如供应商、制造商、分销网络、客户等纳入供应链中，才能有效地安排企业的供产销活动，满足企业利用全社会一切市场资源快速高效地进行生产经营的需求，以期进一步提高效率和在市场上获得竞争优势。换句话说，现代企业竞争不是单一企业与单一企业间的竞争，而是一个企业供应链与另一个企业供应链之间的竞争。这就要求企业在进行业务流程重组时不仅要考虑企业内部的业务处理流程，还应对客户、企业自身与供应商组成的整个供应链中的全部业务流程进行重新设计。

5. 数据资源：从业务信息分割转向信息资源共享

很多企业甚至建立专门的部门，收集和处理其他部门产生的信息。随着信息技术的发展及其在企业的应用，以及员工素质的提高，信息处理完全可以由不同业务处理流程中的人员自己完成。业务流程重组有助于确定每个流程应该采集的信息，并通过管理信息系统的应用，实现信息在整个流程上的共享使用。

三、企业业务流程重组的基本步骤和方法

企业流程重组实际上是从信息的角度，对企业流程的重新思考和再设计，是个系统工程，贯彻于系统规划、系统分析、系统设计、系统实施与评价等整个规划与开发过程之中。在信息系分析中，要充分认识信息作为战略性竞争资源的重要性，创造性地对现有业务流程进行分析，找出现有流程存在的问题及产生问题的原因，分析每项活动的必要性，并根据企业的战略目标，采用 CSF 法等，去发现正确的业务流程，如在信息技术支持下，有

些活动可以合并，管理层次可以减少，有些审批检查可以取消等。目前已有的流程设计方法大多只提出流程设计的原则方法，还缺乏比较具体的操作规程，所以，流程设计的好坏在很大程度上取决于设计者对信息技术流程设计的把握以及对现有业务流程、运行环境、客户需求等因素的熟悉程度。

（1）以过程管理代替职能管理，取消不增值的管理环节。

（2）以事前管理代替事后监督，减少不必要的审核、检查和控制活动。

（3）取消不必要的信息处理环节，消除冗余信息集。

（4）以计算机协同处理为基础的并行过程取代串行和反馈控制管理过程。

（5）用信息技术实现过程自动化，尽可能抛弃手工管理过程。

上述原则指出了流程重组的指导性方法，在实际操作中，还应考虑具体的企业环境及条件，灵活运用，以设计出理想的企业过程。

思考与练习题

1. 在项目规划中，IT 供应商和客户之间如何更好地沟通和协调？

2. 项目究竟应该如何满足现有的应用需求，还是要满足未来的应用需求？

3. 管理信息系统规划主要包括哪些规划方法？

4. 试述生命周期法的优缺点。

5. 什么是原型法，它有什么特点？

6. 对比多种系统开发方法之间的优缺点。

第五章　管理信息系统需求分析

系统分析就是运用系统的视角，对现行系统进行目标分析、环境分析和数据分析，从而得出管理信息系统的目标和功能模型的过程。所以，分析应以系统的总体最优为目标。在这个过程中要对系统的整体与部分，部分与部分，整体与环境之间的相关联系、相互制约关系进行定性和定量相结合的分析。

第一节　系　统　分　析

为了实现开发管理信息系统的目标，需要将原来由管理人员随机进行的管理工作融入一个相对固定的计算机系统之中，同时还要对原有系统存在的问题进行整顿和改造，这就决定了工作的复杂性。管理信息系统分析的任务是彻底弄清楚用户要求，通过对选定的对象进行调查和分析（分析环境、分析需求、分析目标），从而提出系统的初步模型（又叫逻辑设计），并完成系统分析报告。

系统分析是得到新系统最佳逻辑设计方案的关键阶段。系统分析必须从现行系统入手，通过详细调查研究和需求分析，由系统分析员运用管理知识、计算机知识以及系统分析技术绘制一组描述系统总体逻辑方案的图表，经过与用户反复讨论、分析和修改后得到用户比较满意的新系统逻辑模型，并提出适当的计算机软硬件配置方案。

系统分析的内容主要从以下三个方面展开讨论：可行性分析（即初步调查）、详细调查和系统化分析。

一、可行性分析

开发信息系统的需求往往来自对现有系统的不满。由于存在的问题充斥着各个方面、内容分散、甚至含混不清，这就要求系统分析人员针对用户提出的各种问题和初始要求，进行识别，通过可行性分析确定重新开发系统的必要性。

（一）可行性分析的任务

可行性分析的任务是明确开发应用项目的必要性、可行性以及迫切性，而可行性则取决于实现应用系统的资源和条件，这项工作需要建立在调查的基础上。

（二）可行性分析的内容

1. 管理上的可行性

管理上的可行性是指管理人员对开发应用项目的态度和管理方面的条件。主管领导不支持的项目是不具有可行性的。如果高层及中层管理人员的抵触情绪较大，那么就有必要提前做好沟通解释工作。管理方面的条件主要指管理方法是否科学，响应管理制度改革的时机是否成熟，规章制度是否齐全以及原始数据是否正确等。

2. 技术上的可行性

技术方面应分析当前的软硬件条件是否能够满足系统要求（如增加存储能力，实现通信功能，提高处理速度）。此外，还要考虑开发人员的水平、信息系统开发属于知识密集型工程，这些都对技术要求较高，如果缺乏足够的技术力量，或者单纯依靠外部力量进行开发，很难成功。

3. 经济上的可行性

主要是对费用支出和项目的经济效益进行评估。

可行性分析的结果要用可行性报告的形式编写出来，内容主要包括：①系统简述；②项目目标；③所需资源、预算和期望效益；④对项目可行性的结论。

二、详细调查

为了使详细调查能顺利进行，取得满意的成果，对调查研究工作有如下几项要求：①要取得领导的重视与配合；②制订调查计划；③注意调查顺序；④要有数量概念；⑤要有正确的调查态度。

（一）详细调查的内容

详细调查主要从以下几个方面进行。

1. 系统界限和运行状态

调查现行系统的发展历史、当前规模、经营效果、业务范围及与外界的联系等，以便确定系统界限、外界环境、接口及衡量现有的管理水平。

2. 组织机构和人员分工

调查线性系统的组织机构、领导关系、人员分工和配备情况等。从中不仅可以了解线性系统的构成、业务分工，而且可以进一步了解人力资源现状，同时还可以发现组织和人事等方面的不合理现象等。

3. 业务流程

不同系统有着不同的功能，它们分工各不相同。分析人员要尽快熟悉业务，全面细致地了解整个系统各方面的业务流程，以及物流和信息流的流转情况。除此之外，对各种输入、输出、处理、处理速度和处理量以及处理过程的逻辑关系都要有清晰的认识。

4. 计划、单据和报表的收集

调查中要收集各类计划、单据和报表，了解它们的来龙去脉及其各项内容的填写方法，以便得到完整的流程信息。

5. 资源情况

除了人力资源外，还要调查了解现行系统的物资、资金、设备、建筑平面布置和其他各项资源的情况。若已配置了计算机，则要详细调查其型号、功能、容量、外部设施和计算机软件配置情况，以及目前的使用情况和存在的问题等。

6. 约束情况

调查了解现行系统在人员、资金、设备、处理时间和方式等各方面的限制条件和规定。

7. 薄弱环节和用户要求

系统的薄弱环节正是新系统要解决的主要问题，往往也是新系统目标的重要组成部分。因此，要善于发现问题，注意收集用户的各类需求，找到问题的关键所在。

（二）详细调查的方法

一般常见的详细调查方法有以下几种。

1. 重点询问方式

重点调查列举若干相关的问题，自上而下尽可能全面地对用户进行询问，然后将询问的结果进行归纳，找到其中真正关系到此项工作成败的因素。表 5.1 给出了一个调查问卷表的示例。

表 5.1　调查问卷表示例

1	你所在的工作岗位是？
2	你的工作形式是？
3	你的工作任务是？
4	你每天工作是怎样进行时间安排的？
5	你的工作结构同前序或后续工作如何联系？
6	你所接触的报表、数据有哪些？满意程度如何？
7	你所在的工作岗位是否恰当？工作量如何？
8	你的工作计划不能合理安排的原因是什么？
9	你所在的工作岗位存在的问题是什么（组织不力、计划不好或信息不畅等）
10	你通常采取什么样的方法不断提高工作效率？

续表

11	如增加激励（如奖金、鼓励、新技术等），你所在部门的效率是否会提高？
12	从有效组织生产的角度出发，你的权限是否适当？（大或小）
13	你认为影响本企业经营效益的关键问题是什么？
14	从全局利益出发，你认为现有的管理体制是否合理？
15	你认为提高生产产量的潜力在哪里？
16	你认为现存管理体制有哪些问题？

2. 全面业务需求分析的问卷调查方式

全面业务需求分析的问卷调查方式是针对所需调查的各项内容，绘制相应形式的图表，这些图表对企业管理岗位上的工作人员进行全面的需求分析调查（填表），然后通过分析整理这些图表逐步得出需要调查研究的内容。

采用调查图表的方式进行调查，可以缩短调查时间，易于沟通被调查者和调查者之间对所调查内容的理解。调查表设计可以分为以下几种：企业组织机构图调查表；上级单位对企业要求调查表；系统功能调查表；系统业务流程图调查表；企业各部门组织机构及业务范围调查表；系统业务文件调查表；计算机应用情况调查表。

3. 深入实际的调查方式

通过问卷方式和调查表方式调研后，要整理调查的结果。一旦在整理中发现各个不同工作岗位上的调查结果不一致或前后有矛盾时，就必须带着问题深入到具体的工作岗位上去，摸清详细的业务和数据流程以及具体工作的细节，弄清问题并解决问题。

三、系统化分析

系统化分析的主要内容包括以下 9 个方面。

（一）分析系统目标

根据详细调查对可行性分析报告中提出的系统目标做再次考察，对项目的可行性和必要性进行重新考量，并根据对系统建设的环境和条件的调查结果及时修正系统目标，使系统目标适应组织的管理需求和战略目标。由于系统目标对系统建设具有举足轻重的意义，所以必须经过仔细论证才能修改。

（二）分析业务流程

分析原有系统中存在的问题是为了在新系统建设中予以克服或改进。系统中存在的问题可能是管理思想和方法落后，业务流程不尽合理，这也为计算机信息系统的建设优化原业务流程提供了新的可能性，这时，就需要在对现有业务流程进行分析的基础上进行业务流程补充，产生新的更为合理的业务流程。

业务流程的分析过程包括以下内容。

（1）对原有流程进行分析。分析原有的业务流程的各个环节是否具有存在的价值，其中哪些过程可以删除或合并，原有业务流程中哪些过程不尽合理，可以进行改进或优化。

（2）优化业务流程。原有业务流程中哪些过程存在冗余信息需要处理，可以按计算机信息处理的要求进行优化。

（3）确定新的业务流程。画出新系统的业务流程图。

（4）确定新系统的人机界面。确定新的业务流程中人与计算机的分工。

（三）数据汇总和分析

数据的汇总和分析是建立数据库系统和设计功能模块处理过程的基础。通过调查收集的数据需要经过汇总和分析。数据汇总和分析具体包括：数据分类；数据整理；数据分析等。

（四）数据流程分析

数据流程分析是将系统中的信息处理的方法和管理过程相统一。因此，新的信息技术应为数据处理提供更为有效的方法，并与业务流程的改进和优化相对应。数据流程分析包括以下内容。

（1）分析原有的数据流程。熟悉原有数据流程中的处理过程，确定哪些可以删除或合并，哪些不够合理，需要改进和优化。

（2）优化数据流程。对原有的数据流程中的冗余信息进行处理并优化。

（3）确定新的数据流程，画出新的数据流程图。新系统的数据流程图是在以上分析过程中逐步完善的。这是一项需要经过多次反复推敲的细致工作。

（4）新系统的人机界面。为了明确新系统的人机接口，还应在绘成的数据流程图上明确人与机器的分工，即哪些工作是计算机自动完成，哪些应由人来参与。

（五）功能分析和划分子系统

为了实现系统目标，系统必须具备一定的功能。功能就是做某项工作、实现特定目标的能力。在多层系统中，第一层的功能可以看成是系统目标，第二层的功能可看成是子系统，再往下层就是各项更具体的功能。

把系统划分为子系统可以大大简化设计工作，由于划分以后，只要子系统之间的接口关系明确，各个子系统的设计、调试，基本上可以互不干扰地独立进行。如要修改或扩充系统，可以在有关子系统范围内进行而不至于牵动全局。

应当指出的是，到目前为止，关于划分子系统还没有形成一套得到普遍认可的方法。在实际工作中，划分方案往往受到个人经验、企业原有业务处理关系以及是否便于反向工程实施等多种因素的影响。

对于系统来说，划分子系统的工作应在系统规划阶段进行，常用的方法是 U/C 矩阵。

划分子系统后确定各子系统的目标和所属功能。为此，有必要分析原系统的数据流程图，以此来确定应当增加、取消、合并或改进的部分。

（六）数据存储分析

数据存储分析是数据库设计在系统分析阶段的主要工作，其内容首先是分析用户要求，即调查用户希望从管理信息系统中得到哪些有用信息，然后通过综合抽象，选择适当的工具（如 E-R 图等）进行描述。因为这是从用户角度看到的数据库，所以称为数据库的概念模型。有关 E-R 图的画法详见第七章。

（七）数据查询要求分析

数据查询要求分析是将用户需要查询的问题列出清单。例如，用户要求知道："X 产品已完成计划的百分之几？""X 课题组已花费了多少研究费用？"等。

（八）数据的输入输出分析

分析各种数据输入的目的和使用范围、数据量的大小以及存在的问题。例如，输入的数据是否都得到了有效的利用，哪些数据的输入是多余的或是不符合实际需要的，现在的数据输入方式是否能满足要求，输入速度是否能完成数据量的要求，是否需要改变输入方式和增加输入设备，还要分析数据的精确程度和数据间的相互联系等。

除明确的数据查询要求外，还应对各种输出报表（包括手工填写的）的目的和使用范围进行分析，弄清哪些报表是多余的或者不符合实际要求，系统的处理速度和打印速度是否能满足输出的要求等。

（九）确定新系统的数据处理方式

数据处理方式可分为成批处理和联机实时处理。

成批处理方式按一定时间间隔（小时、日、月）把数据积累成批后，一次性输入计算机进行处理。例如：订货系统将一天内收到的订货单在计算机处理之前集中起来，并做一定的汇总工作，然后加以处理。成批处理的特点是费用较低而又可有效地使用计算机，通常适用于以下四种情况：

（1）固定周期的数据处理；

（2）需要大量的来自不同方面的数据的综合处理；

（3）需要在一段时间内积累数据后才能进行的数据处理；

（4）没有通信设备而无法采用联机实时处理的情况。

联机实时处理方式的特点是面向处理，数据直接从数据源输入中央处理机进行处理，由计算机即时做出应答，将处理结果直接传给用户。这种处理方式的特点是及时，缺点是费用高，通常适用于以下三种情况：

（1）需要反应迅速的数据处理；

（2）负荷易产生波动的数据处理；

（3）数据收集费用较高的数据处理。

第二节　用　户　角　色

　　用户需求是信息系统功能的主要来源。组织的业务、管理和决策活动最终反映为组织中各种人员的活动，信息系统将提供给组织的各类人员，辅助他们完成各自所承担的工作。子系统是通过用例完成其功能的。因此，用例分析是进行功能分析的主要手段，可以通过信息系统参与者与信息系统的交互过程来确定信息系统的功能。用例建模过程如下。

一、确定系统参与者

　　参与者是参与完成子系统功能的系统之外的人或其他子系统。参与者必须与系统有信息交换，参与者输入信息到子系统或接受系统输出信息。寻找参与者需要考虑以下问题。

　　（1）系统的使用者是谁？

　　（2）系统需要从哪些人或者其他系统中获取数据？

　　（3）系统会为哪些人或系统提供数据？

　　（4）系统是由谁来维护的？

　　（5）谁对本系统产生的结果感兴趣？

二、确定系统参与者的行为

　　用例为系统执行的一个动作序列，这些动作必须对某个特定的执行者产生可观测的、有价值的结果。用例识别是基于参与者从系统得到的结果（反馈）进行分析的。因此，基于参与者找用例的方法包括：

　　（1）参与者希望系统提供什么功能？

　　（2）参与者是否会读取、创建、修改、删除、存储系统的某种信息？参与者又是如何完成这些操作的？

　　（3）参与者是否将外部的某些事件通知给系统？

　　（4）系统中发生的时间是否通知参与者？

　　（5）是否存在影响系统的外部事件？

　　用例名称要体现它给执行者带来的价值。一个用例是系统和执行者之间一次完整的交互，是完整的动作序列。因此，与执行有关联的独立的用例是有价值的，而非独立用例，例如包含用例、扩展用例、集成用例是不提供给参与者有价值的信息，不能与参与者有联系。

三、用例图的建立

　　用例图主要用于描述需求结构图最底层的子系统的功能及功能之间的关系。例如，

图 5.1 给出了合同基本信息管理子系统的用例图。

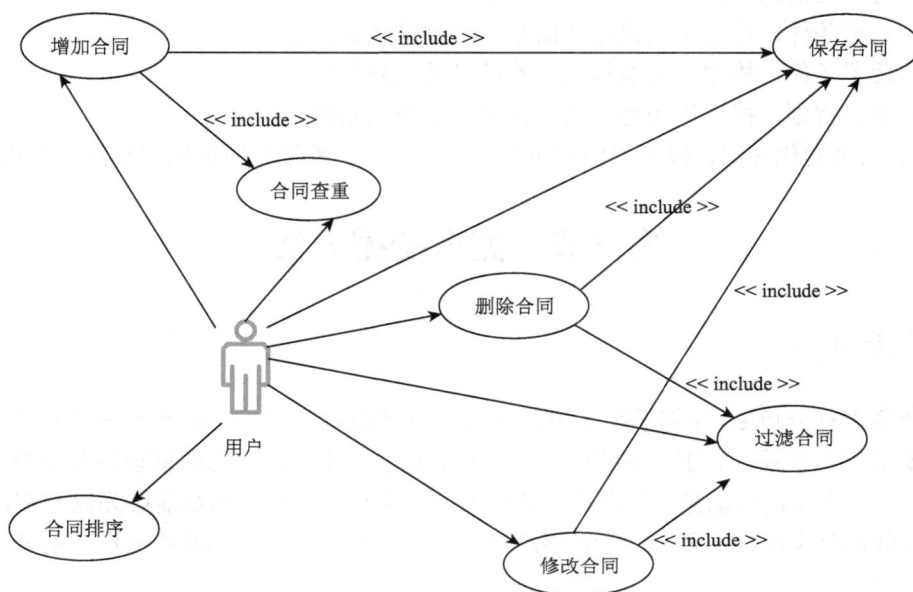

图 5.1　合同基本信息管理子系统用例图

四、用例详细描述

用例图直观地描述了参与者与用例之间以及用例与用例之间的关系，描述了信息系统功能，但用例图不能反映各功能的详细内容，以及用户在使用这些功能时与信息系统交互的内容和交互过程。为了让开发人员对用例不产生歧义，还需对每些用例进行详细描述，详细描述的方法为：用例规约、用例流程图（活动图）和用例人机交互图（序列图）。下面以用例规约为例说明用例详细描述的内容。

用例规约是用文字形式对用例名称、事件流、用例场景、前置条件和后置条件进行说明。用例规约一般描述以下内容。

（1）用例编号，同一个项目，按一定的规则编号。

（2）用例名称，用例名称与用例图中的名称一致，用例是要完成各项功能。因此，用例名称规约必须让人见名思义，必须是动宾或主谓词组，不能为动词或名词。

（3）用例概述，描述用例的参与者使用用例要达到的目的。

（4）基本操作步骤和备选步骤。描述执行者和用例之间发生的动作序列，包括基本事件流和备选事件流两部分。基本事件流是执行用例时"正常"情况下会发生的时间。备选事件流是与正常行为相对应的可选行为，不是必需的行为。例如，增加合同信息的基本时间流是输入合同信息，保存合同信息。备选事件流是：①合同信息的必填项目未填，不能保存，合同增加失败；②输入的合同在数据库中已有，不能保存，合同增加失败。

（5）用例场景，描述用例实例成功或失败的情况。

（6）特殊的需求，描述对该用例的特别要求。

（7）前置条件，描述用例执行之前系统必须达到的状态。

（8）后置条件，描述用例执行之后系统必须达到的状态。

（9）业务规则，描述用例处理的业务必须遵循的规则。

（10）用例的优先级，根据用例的重要程度、难度、风险和稳定性划分开发的优先级。

第三节　需求挖掘方法

一、任务导入

对业务进行分析后，掌握了拟开发的管理信息系统将要代替的现实工作和为了完成该工作需要处理的相关人、事、物的信息后，为了开发出让用户满意的管理信息系统，在开发初期，分析人员需要清楚：用户希望建立怎样一个信息系统；系统能够为用户解决什么问题；信息系统应该具备哪些功能；用户与信息系统会交互哪些信息；用户使用信息系统的方式。

二、需求工程

需求工程作为信息系统开发的前期工作，需求定义不准确或错误会导致信息系统产生许多错误，修改这些错误的代价非常高，所以需求工程是信息系统开发中关键的工作。

（一）需求的概念

需求就是用户和开发人员对系统的要求。需求有抽象、宏观的需求，也有具体的需求，所以，需求是有层次的，需求分为业务需求、用户需求、功能需求和非功能需求四个层次。

1. 业务需求

业务需求反映了组织机构或客户对系统和产品高层次的目标要求，定义项目的愿景和范围。业务需求内容包括：业务即产品完成的工作；客户即产品为谁服务；特性即产品与其他同类产品相比的特点；优先级即产品完成的工作；价值即产品的价值体现在何处。例如，制造企业定制合同管理信息系统其业务需求为：系统能打通信息流，将合同管理中心、财务管理处、供应处等部门及下属子公司业务串联起来，对合同及执行过程进行管理，能实现数据共享、信息处理速度快且质量高。

2. 用户需求

用户需求表示为了完成业务需求，用户希望系统所必须完成的任务，它从用户的角度描述系统的功能需求和非功能需求。例如，制造企业定制合同管理信息系统用户需求为：要求合同管理信息系统能够快速高效地提供合同相关信息。

3. 功能需求

功能需求是为了满足用户需求，开发人员必须实现的系统功能。功能需求通过对系统特性的描述来表现，表示系统为用户提供某项功能使得系统业务目标得以实现。例如，制造企业定制合同管理信息系统用户需求为：要求合同管理信息系统提供合同基本信息管理、合同执行信息管理、基础数据管理等功能。功能需求可以采用用例图中的用例描述。

4. 非功能需求

非功能需求描述了除系统功能所应具备的性能要求外，软件系统质量和特性的额外要求，包括可用性、功能性、可维护性、可靠性、可扩展性、可移植性、有效性和安全性等。例如，因为合同管理信息系统登录的用户很多，而合同信息是公司的核心机密，不能泄露给竞争对手，所以，要求合同管理信息系统有严格的权限管理，以保证信息的安全。非功能需求在用例规约中描述，如图 5.2 所示。

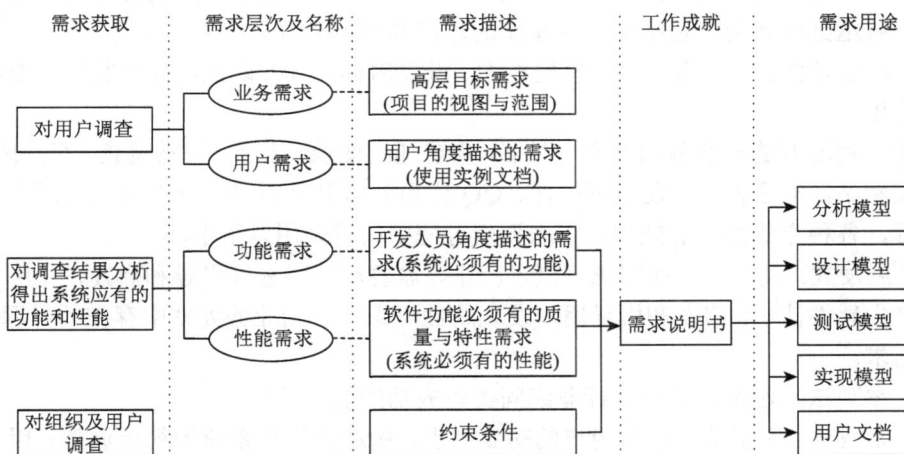

图 5.2　非功能需求的层次、获取及应用图

（二）需求功能的概念及工作步骤

需求工程包括需求调查、需求分析与建模、需求说明书编写和需求评审等工作。需求调查是调查用户对新开发的信息系统的要求。需求分析与建模是根据调查结果结合组织的目标、现状、实力和技术等因素，通过深入细致的分析，确定出合理可行的信息系统需求，并通过规范的形式（即需求模型）描述需求的过程，即根据识别的用户需要和要求，确定管理信息系统应该有哪些功能和性能才能完成相应的工作和相关信息处理工作。需求工程的最终成果要为后续开发的各个阶段提供依据，所以必须制作需求规格说明书。由于需求对系统开发有非常重要的作用，所以需要对需求进行评审和确定。

业务需求和用户需求是用户的需求，所以需要通过需求挖掘获得。功能需求和性能需求是开发人员根据用户的需求确定的信息系统的功能和性能，它们是对需求进行调查和分析的结果。

需求工程的工作就是从宏观到微观，从用户到开发人员进行需求描述，逐步精细化，为后续的开发工作服务。

三、需求调查

需求调查包括两部分：对项目相关人员的调查和竞争性产品的调查。项目相关人员是需求的主要来源，项目相关人员包括项目组织者、最终用户、承担者、系统管理和维护者、技术支持人员和领域专家。对竞争性产品的调查是为了保持待开发产品的竞争力，收集竞争性产品信息，包括竞争性产品的优点和不足。

需求调查的调查内容主要包括业务需求、用户需求和约束条件。

（1）业务需求。业务需求是组织机构对产品的高层次目标要求，包括信息系统总目标、范围和总体结构。

（2）用户需求。用户需求是用户对所建立的信息系统的要求，及信息系统应该提供的功能和能够达到的效用，包括用户对系统的功能和性能要求。

（3）约束条件。即调查用户的投资能力、开发时间、开发队伍、社会发展等方面的非技术性约束。

需求调查的方法与业务调查方法类似，需要通过面谈、走访、问卷调查、召开座谈会、建立调查网站、电话咨询、发电子邮件、QQ 群和微信平台咨询与调查等正式或非正式的方式进行，各种方法都有优缺点。需求调查过程中同时采用以下手段：

（1）启发式。调查人员在需求调查过程中，需要对用户进行引导和启发，让用户对信息系统产生感性认识，启发和引导用户发现线性组织管理和业务处理中存在的问题，发现潜在的需求。

（2）参观法。让用户参观同行业或同类型成功的信息系统。

（3）原型法。原型法是根据用户的初步需求，构造出信息系统的初步原型。用户和调查人员针对所生成的原型进行讨论，分析原型是否准确地反映了用户的初衷，哪些方面还应该改进和加强。原型给用户和开发人员的交流、讨论提供了一个具体的参照物，有原型作为对象，需求调查就有针对性，可以澄清和纠正许多模糊和矛盾的用户需求。

（4）基于用例的方法。采用面向对象的用例模型建模技术获取用户的需求。首先，找出系统的参与者，然后找出每个参与者使用的用例，画出用例图，对用例进行描述。任何独立用例都不能在缺少参与者的情况下存在。同样，任何参与者也必须要有与之关联的用例。所以识别用例的最好方法就是从分析系统参与者开始，在这个过程中往往会发现新的参与者。现在系统范围和边界、现有系统（如果有的话）的文档和用户手册、项目会议和研讨会的记录以及现有的需求文档、工作手册等资料中确定参与者。该方法参见本书第 4 章 4.4 节。

第四节 功能需求分析

一、组织结构与功能分析

组织结构与功能分析是整个分析工作中最简单的一环。组织结构与功能分析主要由三部分组成：组织结构图、组织/业务管理分析、业务功能一览表。其中，组织结构图通常是将调查中所了解的组织结构具体地描绘在图上，作为后续分析和设计的参考。组织/业务管理分析通常是通过业务与组织关系图来实现的，是利用系统调查中所掌握的资料着重反映管理业务过程与组织结构之间的关系，它是后续分析和设计新系统的基础。业务功能一览表是把组织内部各项管理业务功能都用一张表罗列出来，它是今后进行功能/数据分析、确定新系统拟实现的管理功能和分析建立管理数据指标体现的基础。

（一）组织结构图

组织结构图是用来描述组织的总体结构以及组织内部各职能部门及其相互间隶属关系的树状结构图。

要建立管理信息系统，就必须首先知道现行系统的组织结构设置情况和它们之间的隶属关系。通常用组织结构图来描述现行系统组织机构的层次和隶属关系。用矩形框表示组织机构，用箭头表示领导关系。例如，图 5.3 是某企业的行政组织结构图，从图中可见，该企业的组织分为三层：企业领导决策层、业务管理层和业务执行层。企业领导决策层由正/副厂长、总工程师、总经济师和总会计师组成，主要职能是决定企业目标、确定经营方针、做出生产经营的具体决策。业务管理层包括计划科、财务科、生产科和销售科等机构，其主要职能是按照经营方针，在规定的职权范围内对各项业务进行管理。业务执行层由计划组、统计组、计划调度组等生产第一线的组织机构组成，完成日常的生产、业务和调度。

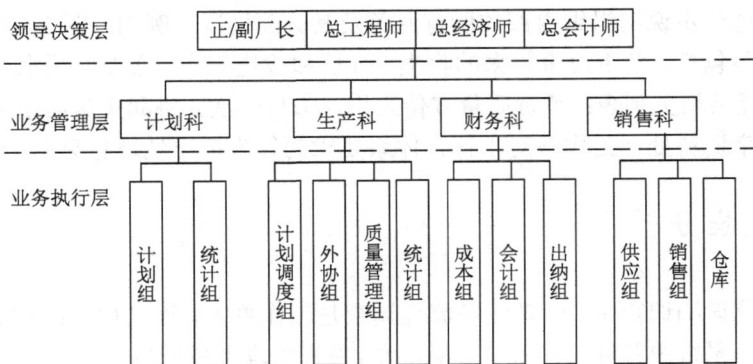

图 5.3 某企业的行政组织结构

（二）组织/业务管理分析

组织结构图仅仅反映了组织内部的上下级关系，并没有反映出组织内部各部门之间业务上的联系，组织/业务分析则进一步指出组织内各职能部门与业务的关系及各部门之间发生的业务联系，如表 5.2 所示。我们以组织/业务关系表中的横向表示各组织名称，纵向表示业务过程名，中间栏填写组织在执行业务过程中的作用。

在对该矩阵分析时应考虑两个问题：

（1）该矩阵中每行有且仅有一个星号"*"，即每个业务职能由一个部门主管。

（2）该矩阵中每列至少有一个星号"*"，即每个部门至少要主管一个业务。

若系统分析后得到的矩阵不满足以上两点，则可能是该组织在管理职能的划分上有问题，是新系统中应调整的地方。

通过组织/业务分析，目的是要找出现行系统中组织结构和功能存在的问题，研究解决这些问题的方法和措施，进一步理顺组织的功能，让组织和信息系统更好地适应。

表 5.2   某企业的组织/业务矩阵

业务部门	经营科	销售科	技术科	生产科	计划科	材料供应科	……
计划	X	X		X	*	X	
销售	√	*	√	X	X	X	
供应				X	√	*	
生产	X	X	√	*	√	√	
……							

注："*"表示该部门是对应业务的主管部门；"√"表示该部门为完成该业务的相关部门；"X"表示该部门为协调该业务的辅助部门

（三）业务功能一览表

该表用来进一步说明组织内部的所有业务及其分配情况。例如，图 5.3 中公司质量管理组的主要业务包括：负责质量数据的收集、分析和改进工作，必要时采取纠正或预防措施；每周、月提供相关制表；负责质量宣传工作，每月一次；协助实施质量体系内部审核工作和其他文字资料处理工作；对不符合体系要求的行为提出处理意见。

二、业务流程分析

在现行系统详细调查中，管理业务流程调查是工作量大，而且烦琐细致的工作。它的主要任务是调查系统中各环节的管理业务活动，掌握管理业务的内容、作用及信息的输入、输出、数据存储和信息的处理方法及过程等，为建立管理信息系统数据模型和逻辑模型打下基础。在此基础上，用尽量标准的符号描述出来，绘制成现行系统业务流程图，它是掌握线性系统状况，确立系统逻辑模型不可缺少的环节。其步骤和内容如下：①绘出各业务部门的业务流程图；②与业务人员讨论业务流程图是否符合实际情况；③利用管理科学理论分析业务流程中存在的问题；④与业务人员讨论，按照管理信息系统要求，提出改进业务流程的方案；⑤将新业务流程提交企业决策者，进而确立合理的、切合实际的业务流程。

（一）业务流程图的绘制

现行系统业务流程图是系统分析和描述线性系统的重要工具，是业务流程调查结果的图形化表示，它反映了现行系统各机构的业务处理过程和它们之间的业务分工与联系，以及连接各机构的物流、信息流的传递和流通关系，体现了现行系统的界限、环境、输入、输出、处理和数据存储等内容。

业务流程图的绘制并无严格的规则，只需简明扼要地如实反映实际业务过程即可。例如图 5.4 是该系统中库存及用料采购业务流程。车间根据生产计划，向仓库管理员提交领料单，仓库管理员根据车间用料计划审核领料单，如果领料单不符合要求，则生成未批准领料单返回给车间修改。领料单符合要求的情况下，仓库管理员则批准领料单，并将已批准领料单提交给库工。库工根据已批准的领料单，查询库存账和用料流水账，如果有库存，则生成领料通知，提交给车间，同时更新库存账和用料流水账；如果缺少库存，则向采购部门（采购员）提交缺料通知单。此外，库工会定期生成库存报表提交给有关部门，用来辅助制定生产决策。在采购部门，采购员根据缺料通知单，向供货单位提交补充订货单或催货单，当收到来自供货单位的提货通知单后，则形成入库单给库工。供货单位根据采购员的补充订货单或催货单及时安排生产计划，完成订单备货后，向采购员提交提货通知单，进行订单交付。

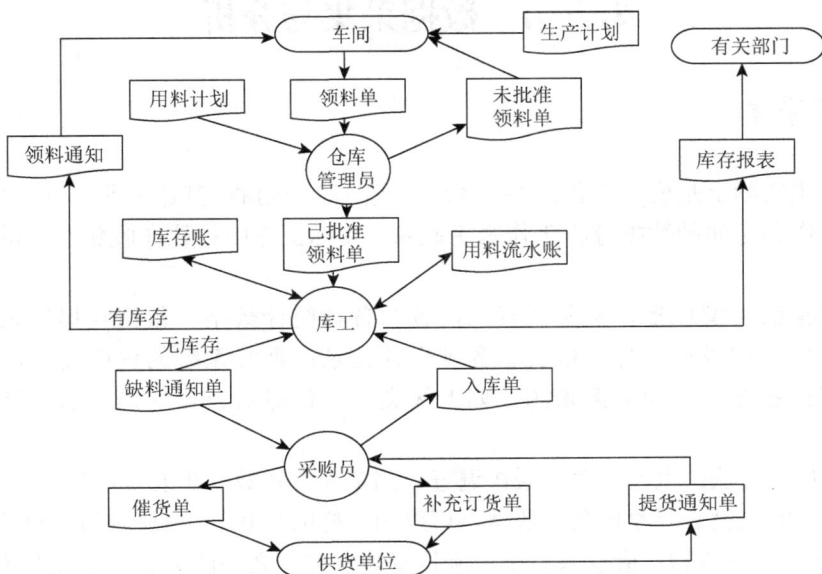

图 5.4　系统中库存及用料采购业务流程图

（二）数据/功能分析

反应系统全貌的数据流程图与数据/功能详细分析完成之后，可在此基础上进行数据/功能系统化分析，以便整体地考虑新系统的功能联系与数据资源的合理分布。这一分析采用 U/C 矩阵作为工具。

U/C 是一张表格。如表 5.3 所示，它的左边第一列列出系统中各功能的名称，第一行列出系统中各数据类型的名称。表中在各功能与数据的交叉处，填写功能与数据类的关系。如果在某功能中建立了一个数据类型，则在该功能与数据类的交叉处填上字母"C"；如果完成某功能要应用一个数据类型，则在交叉处填上字母"U"。下表列举了一个 U/C 矩阵的例子。由表可以看出各功能与数据类的联系，如经营计划的功能中利用订货、财务计划、固定资产、成本等数据，产生综合计划。

表 5.3　U/C 矩阵示意图

	客户	订货	综合计划	财务计划	产品结构	零部件数据	原材料库存	操作顺序	设备负荷	工作令	材料供应	销售区域	固定资产	成本	职工	工资
经营计划		U	C	U									U	U		
财务规划				U	C								U	U		U
资产管理					U								C			

第五节　数据采集与分析

一、数据采集

数据采集实际上是资料收集，是在系统调查阶段开始的。其原则是一切从实际出发。数据采集工作和后面的数据分析工作紧密联系，实际工作中往往在收集数据的同时加以分析。

数据收集的类型包括，各种报表的内容和各种统计数字。数据收集的来源：各部门的正式文件，如各种卡片、报表、各种会议记录；现行系统的说明文件，如各种流程图、程序；各部门外的数据来源，如上级文件、计算机公司的说明书、外单位的经验材料。

数据采集的方法：查阅档案；采访调查；测定（有些数据需要现场测定）；采样（有些情况既不可能也没必要收集全部数据，可以用采样的方式）；参加时间（对业务不太熟悉时要跟工作人员沟通）；会议（主要用来搞清楚各部分之间的关系；研究有关杂志、上级文件等资料）。

在收集数据的过程中，系统分析人员往往强调一个"全"字，即尽可能全面地收集企业现行管理系统的数据。这些收集到的数据具有以下特点：①数据涉及的维度广；②数据之间的逻辑关系没有经过整理加工而未明确；③冗余度很大；④数据的来源和目的地并不十分明确；⑤格式不规范，因企业内部各部门往往按自己的需要及习惯处理数据，所以，各部门之间的数据没有统一格式。

为了克服以上这些特点，以便在建立系统的数据模型时能以精确、逻辑严密的数据作为基础，必须对收集到的数据进行加工处理，即数据分析工作。数据分析与数据收集往往不能决然分割，在做数据分析时要不断地收集和取舍原始数据，并加以补充和完善。

二、数据分析

（一）数据分析的方式

1. 围绕系统目标进行分析

通过对现行系统的调查分析，对系统的目标、组织结构、业务功能都已有了一个整体的了解。围绕上述目标的功能，已收集到的信息能否提供足够的支持，这是需要认真分析的。围绕系统目标进行分析可以从两方面进行。

从业务处理角度来看，为了满足正常的信息处理业务，应该分析需要哪些信息；哪些信息是冗余的；哪些信息是暂缺等。

从管理的角度来看，为了满足科学管理的需要，应该分析这些信息的精度如何？能否满足管理的需要；信息的及时性如何；可行的处理区间如何；能否满足生产过程中及时进行处理的要求；定量化的分析（如预测、控制等）能否提供信息支持等。

2. 弄清信息周围环境

对数据进行分析就必须分清这些信息是现有组织结构中哪个部门提供的；有何用途；影响信息工作质量的主要环境因素有哪些；它的上一层级的信息结构是什么；下一层级的信息优势是什么等。

3. 围绕现行业务流程进行分析

分析现有报表的数据是否全面；是否满足管理的需要；是否正确地反映了业务的实物流。

分析现有的业务流程有哪些弊病；需要做出哪些改进；做出这些改进后的信息与信息流应做出什么样的相应改进；对信息的收集、加工、处理有什么新要求等。

根据业务流程分析哪些信息是冗余的；哪些信息是系统内部可以产生的；哪些信息是需要长期保存的等。

（二）数据特征分析

在以上过程中收集到的原始资料、单据、报表等往往很多，在决定它们的取舍后，就应对数据进行特征分析，主要目的是使这些信息资源转换成能被计算机理解、识别和处理的数据。目前，在计算机上普遍使用的数据库管理软件中，通常把对数据的描述分为三个层次，即数据元素、记录和数据文件。

1. 数据元素

描述数据的不可再分的最小单元（基本项）称为数据元素（或称为数据项、字段属性）。如销售合同上的"产品名称"，就是一个数据元素。

数据特征分析时，应从以下 9 个方面明确数据元素的特征。

（1）名称及定义，这些数据元素的名称还不能确切地表达其含义，需要有简短的说明；有些数据是代码，需要补充说明编码方式及代码取值含义；当数据元素在不同地方有不同的名称时，应当指出。

（2）数据类型，是数值型还是字符型；是定长的还是不定长的；具体长度（字节）；特殊要求（如精度、正负号）等。

（3）合理的取值范围。

（4）代码含义，例如，"SH"代表上海。

（5）所属业务，即哪些业务需要用到这个数据。

（6）数据元素之间的逻辑关系，如组合项由哪些基本项组成；某个数据元素由哪个计算公式可以得到；某个数据不能大于（或小于）哪项数据。

（7）数据业务量。

（8）输出方式及要求，如记录输出的权限、输出的目的地或设备、输出的界面等。

（9）重要程度和保密程度，重要程度即对于检验功能的要求有多高，被存储的必要性如何。保密程度即是否需要有加密措施，读、写的权限如何等。

2. 记录

对一个客观事物个体的描述可由一组不同的数据元素值组成，通常称之为一条记录。如销售合同中的产品，可由数据元素"产品名称、产品型号、产品规格、购买数量、单价"的组合值进行描述。在进行数据分析时，每条记录要清晰记录以下内容。

（1）组成，即记录由哪些数据元素共同组成。

（2）来源，即记录是来自系统外或操作员录入，还是系统内部自动产生、结转而来。

（3）所属业务及人员，即哪些业务和人员要用到这种记录。

（4）存储要求，记录保存在哪个网络、哪台计算机的哪个磁盘等。

（5）业务量，如每天、每周、每月的业务量（包括平均数量、最低值、最高值）以及要存储的量有多少。

（6）输入形式及要求，即记录输入时要求什么样的用户界面；有何校验纠错措施。

（7）查询要求，如哪些人员有权查询；查询的界面、查询的条件及查询响应的速度如何。

（8）输出方式及要求，如记录输出的权限、输出的目的地或设备、输出的界面等。

（9）重要程度。

3．数据文件

用来描述系统中的一类事物（实体）的所有记录组成的文件称为数据文件，数据文件实际为一个二维表格，见表 5.4。

表 5.4 产品销售合同数据文件

合同号	合同日期	客户代表	销售员	产品名称	金额
020001	20.04.30	张三	赵六	台式机	25 500
020002	20.05.06	张三	赵六	硬盘	12 000
020003	20.05.06	李四	赵六	台式机	32 500
020004	20.05.12	王五	赵六	台式机	22 000
……					

第六节 数 据 字 典

在数据流程图中，描述了系统所要处理的数据的出处、去向及其流动和处理的过程。所绘的各个元素都只做了简要的概述，并未说明各元素的详细情况。为了对数据流程图中的各个元素做出详细的说明，有必要建立数据字典。数据字典的内容主要是对数据流程图中的数据项、数据结构、数据流、处理逻辑、数据存储和外部实体六个方面进行具体的定义。数据流程图配以数据字典，就可以从图形和文字两个方面对系统的逻辑模型进行完整的描述。其中的数据项是指具有独立含义的最小数据标识单位，有时也被称为数据元素。而这里所说的数据结构是指由一些逻辑上相关的数据组成的一个数据整体，它反映一个数据的内部构成及数据之间的逻辑关系。

数据字典编写的要求是：①对数据流程图中各种成分的定义必须明确；②命名、编号和数据流程图一致；③符合一致性和完整性的要求，对数据流程图的成分的定义与说明无遗漏项，无同名异义和异名同义；④格式规范、文字精练、符号正确。

数据字典的生成方法有两种：由手工生成和由计算机辅助生成。手工编写数据字典一般采用填写各种卡片的形式生成。它的优点是具有较大灵活性与实用性，可以随着系统分析工作的深入和对用户需求的了解而不断充实、修正字典的内容。但手工编写效率低、编辑困难、容易出现疏漏和错误，对数据字典的检验、维护、查询、统计、分析都不方便。计算机辅助编写数据字典是将与数据字典有关的数据（即各类成分的定义和说明）输入计算机，存储在数据字典库中，根据规范要求对这些数据进行编辑、索引以及完整性与一致性的检验。计算机辅助生成的数据字典具有查询、维护、统计、分析等功能。

一、数据项的定义

数据项又称数据元素，是数据的最小单位。分析数据特性应从静态和动态两个方面去进行。在数据字典中，仅对数据的静态特性做了定义，具体包括：①数据项的名称、编号、别名和简述。为了便于检索和管理，每个数据项都有一个唯一的编号，数据项的编号以答谢的英文字母 I 开头，后面加上顺序号。②数据项的长度；③数据项的取值范围。若只能在几个离散的值中取值时，需枚举出所有的取值，根据需要有时还需表明各个取值的含义。例如，选修课的成绩取值为优、良、中、差，在枚举离散取值之外，还需以人们熟悉的百分制来说明这四个等级的含义及其具体取值范围。

例如，表 5.5 是某公司员工管理系统中，数据项"基本工资"的数据项的定义。

表 5.5　数据项定义示例

数据项编号	100003
数据项名称	基本工资
数据项别名	职工基本工资
简述	某企业职工每个基本工资金额
类型	数值型
宽度	9
取值范围	000000.00-999999.99

二、数据结构的定义

数据结构的描述除了名称、编号、别名和简述等一般项以外，重点应放在其组成的定义与说明上。一个数据结构可以由若干个数据项组成，也可以由若干个数据结构组成；还可以由若干个数据项和数据结构组成。

数据字典中对数据结构的定义包括以下内容：①数据结构的名称和编号；②简述；③数据结构的组成。如果是一个简单的数据结构，只要列出它所包含的数据项。如果是一个嵌套的数据结构（即数据结构中包含数据结构），则需列出它所包含的数据结构的名称，因为这些被包含的数据结构在数据字典的其他部分已有定义。

如表 5.6 所示，某销售管理系统中，数据结构"客户情况"的数据字典编写。

表 5.6　客户情况

数据结构		数据字典	
编号	DS08-03	名称	客户情况
简述：购买商品的客户信息			
组成：客户代码 + 客户名称 + 联系电话 + 联系地址			
备注：			

三、数据流的定义

数据流由一个或一组固定的数据项或数据结构组成。定义数据流时，不仅要说明数据流的名称、组成等，还应指明它的来源、趋向和数据流量等。因此，在数据字典中，应说明数据流的来源与去向。有些数据流还要说明它在单位时间内的被处理量（流量）和最繁忙的处理时段以及该时段内的单位时间处理量（高峰流量）。

销售管理系统中，数据流"订货单"的数据字典编写如表 5.7 所示。

表 5.7　订货单

数据流		数据字典	
编号	DS08-01	名称	订货单
简述：客户购买商品时填写的订货单			
组成：订货单编号＋日期＋客户代码＋客户名称＋联系电话＋联系地址＋商品名称＋商品型号＋商品代码＋订购数量＋折扣情况			
数据来源：客户		数据去向：订货单处理	
流量：		高峰期流量：	
备注：			

四、处理逻辑的定义

在数据字典中，只描述数据存储的逻辑结构，而不涉及具体物理位置和存储介质。具体描述内容有编号、名称、简述、组成、数据来源、数据去向、流量、高峰期流量、关键字以及相关的处理等。处理逻辑的定义仅对数据流程图中最底层的处理逻辑加以说明。

某销售管理系统中，数据存储"客户资料"的数据字典编写如表 5.8 所示。

表 5.8　客户资料

数据存储		数据字典	
编号	F6	名称	客户资料
简述：购买商品的客户信息			
组成：订货单编号＋日期＋客户代码＋客户名称＋联系电话＋联系地址＋商品名称＋商品型号＋商品代码＋订购数量＋折扣情况			
数据来源：客户		数据去向：订货单处理	
流量：		高峰期流量：	
备注：			

五、数据存储的定义

数据存储是数据结构保存的场所。它在数据字典中只描述数据的逻辑存储结构，而不涉及它的物理组织。内容包括：数据存储的编号、名称、简述、输入数据流、输出数据流、处理及最大记录数等。

某材料仓库管理系统中，处理"审核领料单"的数据字典编写如表 5.9 所示。

表 5.9　审核领料单

处理		数据字典	
编号	P2.1	名称	审核领料单
简述：仓库负责人审核车间递交的领料单			
输入数据流：领料单，来源于外部实体车间； 　　　　　用料计划，来源于数据存储用料计划			
处理：如有用料计划，则批准；如无用料计划，则不批准			
输出数据流：已批准的领料单，流向领料处理； 　　　　　未批准的领料单，流向外部实体车间			
处理频率：8 份/时			
备注：			

六、外部实体的定义

定义外部实体时应包括：外部实体编号、名称、简述及有关数据流的输入和输出。编写数据字典是系统开发的一项重要的基础工作。一旦建立，并按编号排序之后，就是一本可供查阅的关于数据的字典，从系统分析一直到系统设计和实施都要使用它。在数据字典的建立、修正和补充过程中，始终要注意保证数据的一致性和完整性。

某销售管理系统中，外部实体"供应商"的数据字典编写如表 5.10 所示。

表 5.10　供应商

外部实体		数据字典	
编号	S3	名称	供应商
简述：提供货源的供应商			
输入数据流：订货单，来源于编制订货单处理			
输出数据流：发货单，流向发货单处理； 　　　　　应付款通知，流向核对付款单处理			
备注：			

第七节 需求分析报告

一、编写需求说明书

编写需求说明书就是建立信息系统的需求说明文档,把需求工程的结果采用规范的形式描述出来,形成需求规格说明,作为后续开发工作的依据。需求说明书是需求分析阶段的最终成果,也是需求评审的依据,是用户、分析人员、设计人员共同交流的媒介,是系统设计与编码以及测试和验收的依据。说明书主要包括以下部分:

（1）系统简介,对整个系统进行概要描述。通常还包括目的、范围、术语定义等。

（2）系统说明,包括原有系统描述、新系统解决方案描述、产品用途、产品功能、用户特点、局限性、前提和假设等概要描述。

（3）软件规格说明,说明系统总体目标、系统功能要求、性能要求、输入和输出要求、可用性、可维护性、灵活性、安全性、设计约束、支持软件、设备、控制等。

（4）验收标准,明确规定产品验收依据的各种标准或条件的具体内容。

二、需求评审与确认

需求的正确与否决定系统开发的成效,所以,在进行系统设计之前,要对需求进行检查,以便发现需求的遗漏之处或不规范之处,并进行修改,确保需求的正确性。需求评审是根据需求说明书,对需求的正确性、可行性、必要性、优先级、完整性、一致性、可修改性、可追踪性、可验证性、无二义性等进行评审和确认。评审分为正式和非正式两种方式。非正式评审是在需求说明书写完之后,通过各种方式与用户沟通,确认用户的需求。正式评审是组织专家及相关的参与人员进行正规的会议评审,对需求的正确性、可读性、可追踪性、一致性和完备性、清晰性等认真分析。

1. 对单项需求的评价标准

（1）完整性,清楚地描述需要实现的功能,为开发人员提供实现这些功能的必要信息。

（2）正确性,每项需求都有需求来源,若需求与用户需求相抵触即是错误的。

（3）可行性,每项需求是在已知的系统和环境限制范围内可以实施的。

（4）必要性,每项需求都是用户所需要的。并能回溯到客户的某项输入。

（5）优先级,每项需求必须有优先级排序,用来指明它在产品中的重要性。

（6）无二义性,每项需求都只能有一个明确统一的解释。避免二义的办法包括需求文档的正规审查、编写测试用例、开发原型、编写项目的技术术语表。

（7）可验证性,每项需求必须能通过设计测试用例来进行验证。

2. 对多个需求的评价标准

（1）完整性，不能遗漏任何必要的需求。

（2）一致性，与其他软件的需求或高层需求不相矛盾，即用户需求必须与业务需求一致，功能需求必须与用户需求一致。

（3）可修改性，方便根据需要进行修改。

（4）可跟踪性，每项需求与其来源、设计元素、源代码、测试用例要能够建立联系。

三、需求分析成果的作用

UML 是统一的面向对象的建模语言，用 UML 建模后可以采用不同的面向对象开发过程，目前使用较为广泛的用例驱动的开发过程。它是从需求分析开始，然后分析和设计类，最后编写代码。过程的每一步都是迭代反复进行的。例如，需求可以逐步完成，每次找出部分功能（或初步的功能），反复进行需求工作后逐步进行完善。开发过程是以用例驱动的、以体系结构为中心、迭代和增量的过程。其中，需求分析的用例图可以指导系统的菜单体系设计，用例流程图、用例交互图和用例说明指导菜单的实现。

思考与练习题

1. 系统需求包括哪四个不同的层次？
2. 简述用例模型的组成元素以及建模步骤。
3. 用哪些方法获取用户的需求？
4. 用例规约包括哪些内容？
5. 需求的评价标准是什么？
6. 试述数据字典的作用及要求。
7. 试述系统分析报告的内容。
8. 某银行储蓄所存取款过程如下：

储户将填好的存（取）单及存折送交分类处理处。分类处理处按三种不同情况分别处理。如果存折不符或存单不合格，则将存折及存单直接退还储户重新填写；如果是存款，则将存折及存款单送交存款处理处。存款处理处去除底账，登记后，将存折退还给储户；如果是取款，则将存折及取款单送交取款处理处，该服务台去除底账及现金，记账后将存款与现金推给储户，从而完成存（取）款处理过程。试按以上过程绘出数据流程图。

第六章　管理信息系统设计

系统设计是管理信息系统开发的第三阶段，这一阶段主要遵循简单性、系统性、灵活性、可靠性、经济性等原则，将分析阶段所获得的系统逻辑模型转换成一个具体的计算机实现方案的物理模型。在系统设计过程中主要包括总体设计和详细设计，总体设计需要对软件系统的设计进行考虑，包括系统的基本处理流程、系统的组织结构、模块划分、功能分配、接口设计、运行设计、数据结构设计和出错处理设计等，为软件的详细设计提供基础；而详细设计根据总体设计所做的模块划分，实现各模块的算法设计，实现用户界面设计、数据结构设计的细化等。系统设计最终将输出系统物理配置方案和系统设计报告，为下一阶段系统实施提供依据。

第一节　设　计　概　述

系统设计是管理信息系统开发的第三阶段，其任务是：在系统需求分析提出的逻辑模型的基础上，科学合理地进行物理模型的设计，主要是为了解决"怎样做"的问题。

一、系统设计的任务

系统设计阶段的主要任务是：在科学、合理的设计和总体模型的基础上，尽可能提高系统的运行效率、可变性、可靠性、可控性和工作质量。充分利用并合理投入各类可以利用的人、财物资源，使之获得较高的综合效益。系统设计包括两个方面，即总体设计和详细设计。其中，总体设计又称结构设计，内容包括划分子系统、模块结构图设计等；详细设计包括代码设计、数据库设计、处理流程设计、输出和输入设计、系统物理配置方案设计和系统设计报告等。

二、系统设计的原则

（一）简单性

简单性是指在达到预定的目标、具备所需要的功能前提下，系统应尽量简单，这样可以减少处理费用，提高系统效益，便于实现和管理。

（二）系统性

由于系统是作为统一整体而存在的，所以，在系统设计中，要从整个系统的角度进行考虑，系统的代码要统一，设计规范要标准，传递语言要尽可能一致，对系统的数据采集要做到数出一处、全局共享，使一次输入得到多次利用。

（三）灵活性

为保持系统的长久生命力，要求系统具有很强的环境适应性，为此，系统应具有较好的开放性和结构的可变性。在系统设计中，应尽量采用模块化结构，提高各模块的独立性，尽可能使各子系统间的数据依赖减至最低限度。这样既便于模块的修改，又便于增加新的内容，提高系统适应环境变化的能力。

（四）可靠性

可靠性是指系统抵御外界干扰的能力及受外界干扰时的恢复能力。一个成功的管理信息系统必须具有较高的可靠性，如安全保密性、检错及纠错能力、抗病毒能力等。

（五）经济性

经济性指在满足系统需求的前提下，尽可能减小系统的开销：一方面，在硬件投资上不能盲目追求技术上的先进，而应以满足应用需要为前提；另一方面，系统设计中应尽量避免不必要的复杂化，各模块应尽量简洁，以便缩短处理流程，减少处理费用。

三、系统设计的目的

系统设计的目的是在保证实现逻辑模型功能的基础上，尽可能提高目标系统的简单性、可变性、一致性、完整性、可靠性、经济性、运行效率，将分析阶段所获得的系统逻辑模型转换成一个具体的计算机实现方案的物理模型，包括计算机物理系统配置方案报告和一份系统设计说明书。

第二节　总体设计与详细设计

总体设计的主要任务是从管理信息系统的总体目标出发，根据系统规划阶段和系统分析阶段的文档，综合考虑经济、技术和信息系统实现的内外环境以及主、客观等方面的条件，确定管理信息系统的总体结构和系统各组成部分的技术方案，合理选择软件和硬件设备，确定总体目标的实现，总体设计内容主要包括划分子系统、模块结构图设计、功能结构图设计、信息系统流程图设计等。

详细设计是对总体设计结果进一步细化，详细设计内容主要包括代码设计、数据库设计、处理流程设计、输出和输入设计、系统物理配置方案设计和系统设计报告撰写等。

总体设计是详细设计的基础，必须在详细设计之前完成，完成总体设计文档，包括系统总体设计文档以及各个模块的总体设计文档。

总体设计需要对软件系统的设计进行考虑，包括系统的基本处理流程、系统的组织结构、模块划分、功能分配、接口设计、运行设计、数据结构设计和出错处理设计等，为软件的详细设计提供基础。

详细设计根据总体设计所做的模块划分，实现各模块的算法设计，实现用户界面设计、数据结构设计的细化等。遵循总体设计，详细设计的更改不影响总体设计。

第三节　结构与功能设计

系统总体设计首先要划分子系统，然后确定子系统的模块结构，并画出模块结构图，在这个过程中必须考虑以下几个问题：如何将一个系统划分成多个子系统；每个子系统如何划分成多个模块；如何确定子系统之间、模块之间传送的数据及其调用关系。

一、结构化设计方法

（一）结构化设计的起因

系统物理模型必须符合逻辑模型，能够完成逻辑模型所规定的信息处理功能，这是物理设计的基本要求。同时，必须考虑到一个计算机应用软件系统不是固定的、静止的，在其生命周期中，它总是处于动态变化过程中。在系统调试和运行初期，要进行大量修正工作，以消除在设计阶段未考虑或未预见到的问题和隐患。随着时间的推移，修正工作逐渐减少，随着系统环境的不断变化，如机构的调整、业务的扩大、体制和政策的变更、产品的更新以及计算机和外围设备的更新换代等，都会反映到系统中，这都将对系统提出新的修改要求。同时，随着计算机应用的发展，管理人员的眼界逐渐开阔，他们还会对系统提出一些更新、更高的要求，系统也随之不断改进。

上述种种原因，都要求系统具有可修改性，即易读，易于查错、改错，可以根据环境的变化和用户的要求进行各种改进。系统是否具有可修改性，对系统开发和维护的影响极大。如何使系统具有可修改性，成为系统总体结构设计要着重解决的问题，为此提出系统结构化设计的方法。

（二）结构化设计方法的特点

1. 相对独立、功能单一的模块结构

结构化设计的基本思想是将系统设计成由多个相对独立、功能单一的模块组成的结构。由于模块之间相对独立，每一模块就可以单独地被理解、编写、测试和修改，从而有效地防止错误在模块之间扩散蔓延，提高了系统的稳定性（可维护性、可靠性等）。因此，大大简化了系统研制开发的工作。

2. "块内联系大、块间联系小"的模块性能标准

"模块内部联系要大，模块之间联系要小"，这是结构化设计中衡量模块"相对独

立"性能的标准。事实上，块内联系和块间联系是同一件事的两个方面。系统中各组成部分之间是有联系的，若把联系密切的成分组织在同一模块中，模块内联系多了，模块间联系自然就少了。反之若把密切相关的一些组合分散在各个模块中，势必造成很高的块间联系，这将影响系统的可维护性。所以，在系统设计过程中一定要以结构化设计的模块性能标准为指导。

3. 采用模块结构图的描述方式

结构化设计方法使用的描述方式是模块结构图。模块结构图不仅描述了系统的分层模块结构，清楚地表示了每个模块的功能，而且直观地反映了块内联系和块间联系等特性。

二、划分子系统

一个合理的子系统，应该是内部联系强，子系统之间尽可能独立，接口明确、简单，尽量适用用户的组织体系。将一个复杂的系统划分为若干子系统，应依据以下原则。

（一）子系统具有相对独立性

子系统的划分要注重子系统内部各方面的内聚性。

（二）子系统之间数据的依赖性要尽量小

子系统之间的联系要尽量减少，接口要简单、明确。一个内部联系强的系统与外部的联系必然很少，划分时应将联系较多的模块都划分在同一个子系统中。

（三）便于系统分阶段实施

信息系统的开发是一项较大的工程，大、中型系统的实现一般都要分期、分步骤进行，所以子系统的划分需要适应这种分步实施的要求。另外，子系统的划分还必须考虑组织结构今后变化所带来的要求。

（四）对各类资源的充分利用

子系统划分时还应考虑企业各类资源的合理利用。一个合理划分的子系统将有利于各种设备资源在开发过程中的搭配使用，也有益于各类信息资源的合理分布和充分利用。

三、模块结构图设计

模块设计主要描述系统的模块组成及模块间的联系，它是系统总体设计的主要内容。模块设计的结果用模块结构图表示。

（一）模块结构图

模块结构图是用于描述系统模块结构的图形工具，它不仅描述了系统的结构与分层的模块结构,还清楚地表示了每个模块的功能,而且直观反映了块内联系和块间联系等特征。模块结构图是由模块、调用、数据、控制信息和转接符号 5 种基本符号组成,如图 6.1 所示。

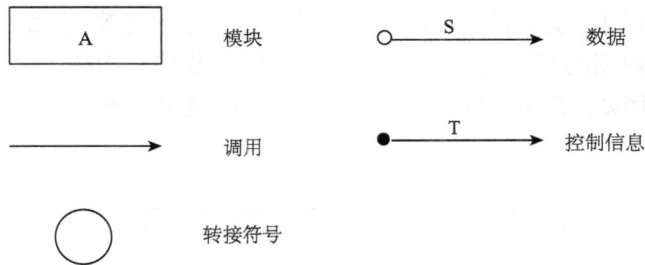

图 6.1 模块结构图的 5 种基本符号

1. 模块

这里所说的模块通常是指用名称就可以调用的一段程序语句。在模块结构图中,用长方形框表示一个模块,在方框中标上能反映模块处理功能的模块名字。模块名通常由一个动词和一个作为宾语的名词组成。

2. 调用

在模块结构图中,用连接两个模块的箭头表示调用,箭头总是由调用模块指向被调用模块,但是应该理解成被调用模块执行后又返回到调用模块。

一个模块是否调用一个从属模块决定于调用模块内部的判断条件,则该调用被称为模块间的判断调用,采用菱形符号表示。如果一个模块通过其内部的循环功能来循环一个或多个从属模块,则该调用称为循环调用,采用弧形符号表示。判断调用和循环调用的表示方法如图 6.2 所示。

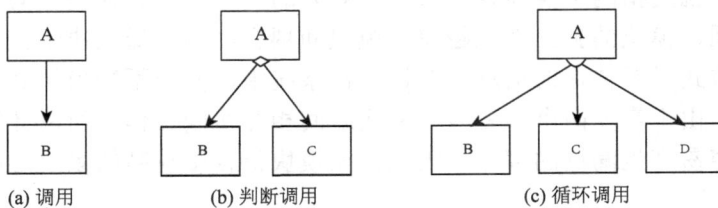

图 6.2 判断调用和循环调用

3. 数据

当一个模块调用另一个模块时,调用模块可以把数据传送到被调用模块处以供处理,而被调用模块又可以将处理的结果数据送回到调用模块。在模块之间传送的数据,使用与调用箭头平行的带空心圆的箭头表示,并在旁边标上数据名。例如,图 6.3(a)表示模块

A 调用模块 B 时，A 将数据 x、y 传送给 B，B 将处理结果数据 z 返回给 A。

4. 控制信息

为了指导程序下一步的执行，模块间有时还必须传送某些控制信息，例如，数据输入完成后给出的结束标志，文件读到末尾所产生的文件结束标志等。控制信息与数据的主要区别是前者只反映数据的某种状态，不必进行处理。在模块结构图中，用带实心圆点的箭头表示控制信息。例如，图 6.3（b）中"无此学生"就是用来表示送来的学生号有误的控制信息。

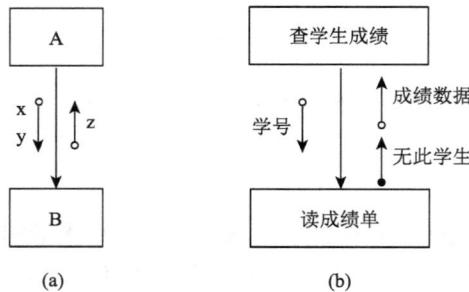

图 6.3　模块调用

5. 转接符号

当模块结构图在一张图上画不下，需要转接到另外一张纸上，或为了避免图上线条交叉，这时都可使用转接符号，圆圈内加上标号。

（二）模块间的关系

1. 模块间耦合

所谓耦合，就是指两个实体相互依赖于对方的一个量度。模块之间联系越紧密，其耦合性就越强，模块的独立性就越差。模块间耦合度的高低取决于模块间接口的复杂性、调用的方式以及传递的信息。在计算机系统中，两个不同模块之间往往存在不同程度的耦合。由于需要两个或者多个模块之间相互协同工作，所以计算机系统的耦合部分往往是容易产生漏洞的部分。因此，在模块耦合度较高的系统之中，往往存在较高的缺陷率。

一般模块之间的耦合关系分为以下几种。

1）非接触耦合

如果两个模块之间没有直接关系，它们之间的联系完全是通过主模块的控制和调用来实现的，这就是非接触耦合（noncontact coupling）。这种耦合的模块独立性最强。

2）数据耦合

如果一个模块访问另一个模块时，彼此之间是通过数据参数（不是控制参数、公共数据结构或外部变量）来交换输入、输出信息的，则称这种耦合为数据耦合（data coupling）。因为限制了只通过参数表传递数据，数据耦合开发的程序界面简单、安全可靠，所以，数据耦合是松散的耦合，模块之间的独立性比较强。在软件程序结构中必须有这类耦合。

3）标记耦合

如果一组模块通过参数表传递记录信息，就是标记耦合（stamp coupling），实际上，这组模块共享了这个记录，它是某一数据结构的子结构，而不是简单变量。这些模块都必须清楚该记录的结构，并按结构要求对此记录进行操作。在设计中应尽量避免这种耦合，它使在数据结构上的操作复杂化。如果采取"信息隐蔽"的方法，把在数据结构上的操作全部集中在一个模块中，就可以消除这种耦合。

4）控制耦合

如果一个模块通过传送开关、标志、名字等控制信息，控制另一模块的功能就是控制耦合（control coupling），这种耦合的实质是在单一接口上选择多功能模块中的某项功能。因此，对所控制模块的任何修改，都会影响控制模块。另外，控制耦合也意味着控制模块必须知道所控制模块内部的一些逻辑关系，这些都会降低模块的独立性。

5）外部耦合

一组模块能够访问同一全局简单变量而不是访问同一全局数据结构，并且不通过参数表传递该全局变量的信息，则称之为外部耦合（external coupling）。例如，C语言程序中各个模块都访问 extern 类型的外部变量。外部耦合引起的问题类似于公共耦合，区别在于外部耦合中不存在依赖于一个公共数据环境的物理安排。

6）公共耦合

一组模块都访问同一个公共数据环境，则它们之间的耦合就称为公共耦合（common coupling）。公共的数据环境可以是全局数据结构、共享的通信区、内存的公共覆盖区等。

2. 模块内耦合

内聚是指一个模块内各个元素彼此结合的紧密程度。内聚按强度从低到高有以下7种。

1）偶然内聚

若一个模块的各成分之间毫无关系，则称之为偶然内聚。

2）逻辑内聚

若几个逻辑上相关的功能被放在同一模块中，则称之为逻辑内聚。如一个模块读取各种不同类型外设的输入。尽管逻辑内聚比偶然内聚合理，但逻辑内聚的模块各成分在功能上并无关系，所以局部功能的修改有时也会影响全局，对这类模块的修改比较困难。

3）时间内聚

若一个模块完成的功能必须在同一时间内执行（如系统初始化），但这些功能只是因为时间因素关联在一起，则称之为时间内聚。

4）过程内聚

若一个模块内部的处理成分是相关的，而且这些处理必须以特定的次序执行，则称之为过程内聚。

5）通信内聚

如果一个模块的所有成分都操作同一数据集或生成同一数据集，则称为通信内聚。

6）顺序内聚

如果一个模块的各个成分和同一个功能密切相关，而且一个成分的输出作为另一个成分的输入，则称为顺序内聚。

7）功能内聚

模块的所有成分对于完成单一的功能都是必需的，则称为功能内聚。

四、功能结构图设计

功能指的是完成某项工作的能力。为了实现系统目标，系统必须具有各种功能。各子系统功能的完成，又依赖于下面更具体的工作的完成。

管理信息系统的各子系统可以看作是系统目标下层的功能。对其中每项功能还可以继续分解为第三层、第四层，甚至更多的功能，从概念上讲，上层功能包括（或控制）下层功能，越是上层功能越笼统，越是下层功能越具体。功能分解的过程就是一个由抽象到具体、由复杂到简单的过程。图 6.4 中每一个方框称为一个功能模块。功能模块的大小可以根据具体情况确定。分解得最小的功能模块可以是一个程序中的某个处理过程，而较大的功能模块则可能是完成某一任务的一组程序。

功能结构图是按照功能从属关系画成的图表，最常用的功能结构描述工具，它是一个完全以业务功能为主体的树形表，其目的在于描述组织内部各部分的业务和功能。

功能结构图中各层功能与新的信息系统中的数据流程图中的处理（功能）是对应的。图 6.4 是工资管理信息子系统的功能结构图。由图可知，工资管理信息子系统被分解为建立主文件、更新主文件、建立扣款文件以及计算和打印四个子功能，其中每个子功能还可以继续分解下去。经过层层分解，可以把一个复杂的系统分解为多个功能较单一的功能模块。这种把一个信息系统设计成若干模块的方法称作模块化。模块化是一种重要的设计思

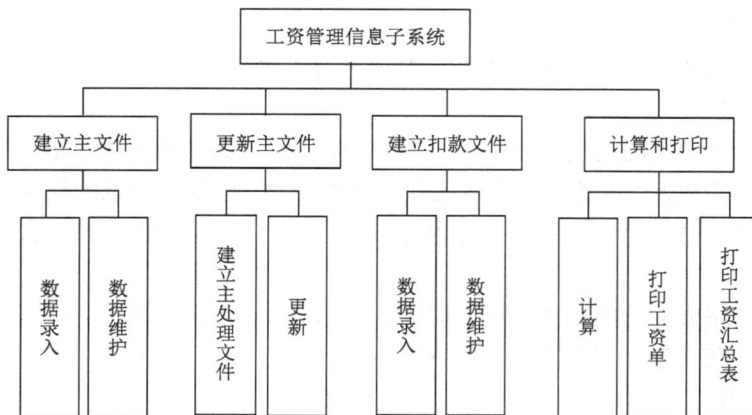

图 6.4　工资管理子系统功能结构图

想。这种思想把一个复杂的系统分解为一些规模较小、功能较简单、更易于建立和修改的部分。一方面，各个模块具有相对独立性，可以分别加以设计实现，另一方面，模块之间的相互关系（如信息交换、调用关系）则通过一定的方式予以说明。各模块在这些关系的约束下共同构成一个统一的整体，完成系统的功能。

五、信息系统流程图设计

功能结构图主要从功能的角度描述了系统的结构,但并未表达各功能之间的数据传递关系。事实上,系统中的许多业务或功能都是通过数据文件联系起来的。例如,某一功能模块向某一数据文件中存入数据,而另一个功能模块则从该数据文件中提取数据。再比如,虽然在数据流程图中的某两个功能模块之间原来并没有通过数据文件发生联系,但为了方便处理,在具体实现中会将两个处理功能之间设立一个临时的中间文件以便把它们联系起来。上述这些关系在设计中是通过绘制信息系统流程图来表达的。

信息系统流程图是以新系统的数据流程图为基础绘制的,其步骤如图 6.5,首先为数据流程图中的处理功能画出数据关系图。然后,把各个处理功能的数据关系图综合起来,形成整个系统的数据关系图,即信息流程图。

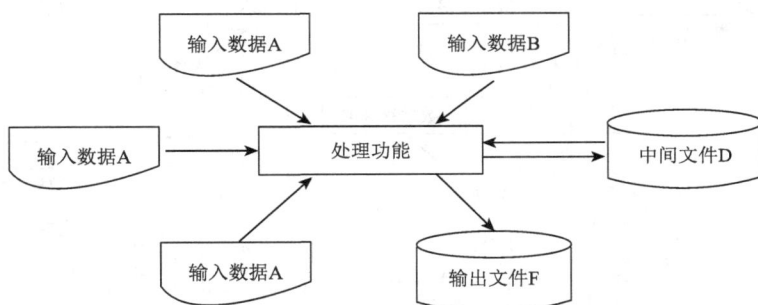

图 6.5　信息流程图的一般形式

绘制信息系统流程图应当使用统一符号。常见的符号见图 6.6 所示。

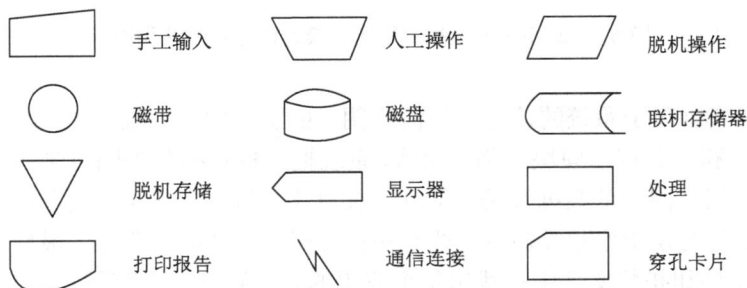

图 6.6　常用的信息系统流程图符号

应当指出，数据流程图与信息系统流程图之间的差异并非仅在于符号的变换，信息系统流程图表示的是计算机的处理流程，并不像数据流程图还反映了人工操作的内容。所以，绘制信息系统流程图的前提是已经确定了系统的边界、人机接口和数据处理方式。

从数据流程图到信息系统流程图还应考虑哪些处理功能可以合并，或者可以进一步分解，然后把有关的处理看成是系统流程图中的一个处理功能。

图 6.7 是在批处理方式下，由数据流程图导出信息系统流程图的过程。图 6.7（a）中数据流程图的"输入 1"转换成图 6.7（b）信息系统流程中的"处理 1"，数据流程图中的"输出 1"和"输出 2"则分别转化为信息系统流程图中的报告 1 和报告 2。在图 6.7（b）中还增加了一个临时用的中间文件，用来进行与其他处理之间的信息联系，它便于计算机具体处理实际问题。此外，图 6.7（a）中的处理与图 6.7（b）中的处理步骤并不一定要一一对应，设计者可以根据实际情况加以合并或分解。图 6.7（a）里的处理 1 和处理 2 在系统流程图中合并为一个处理步骤 1。由此可以看出，上述转换方案不是唯一的，有时需要进行方案论证。

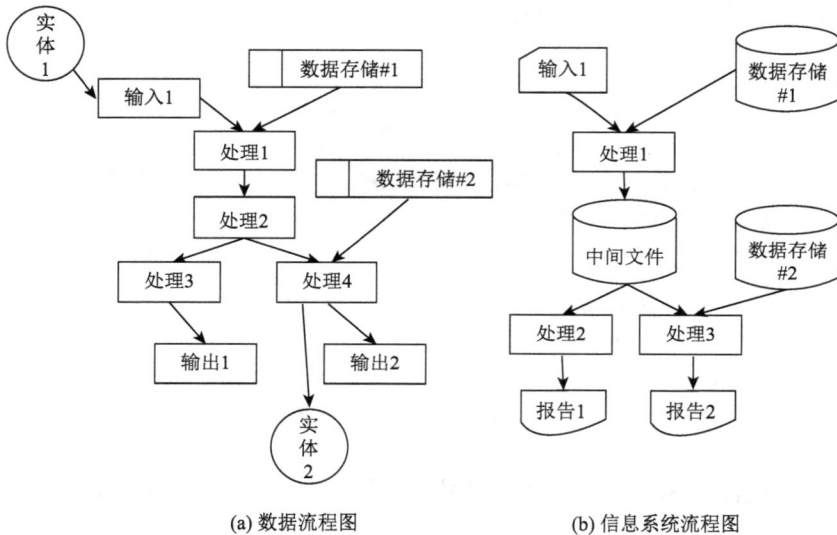

(a) 数据流程图　　　　　　　　　　(b) 信息系统流程图

图 6.7　新系统的数据流程图转换为信息系统流程图

图 6.8 是工资管理子系统的信息系统流程图。由图可知子系统由主文件更新模块、建立扣款文件模块和计算打印模块三部分组成。系统把工资数据分为固定半固定数据和变动数据两大部分。相对固定的数据长期存储在主文件中，每月只做少量更新工作。对变动很大的变动数据，每月从键盘重新输入，暂时保存在磁盘的扣款文件中。最后由计算和打印程序自动到主文件和扣款文件中去找出每个职工的有关数据，计算后打印出工资单和工资汇总表。

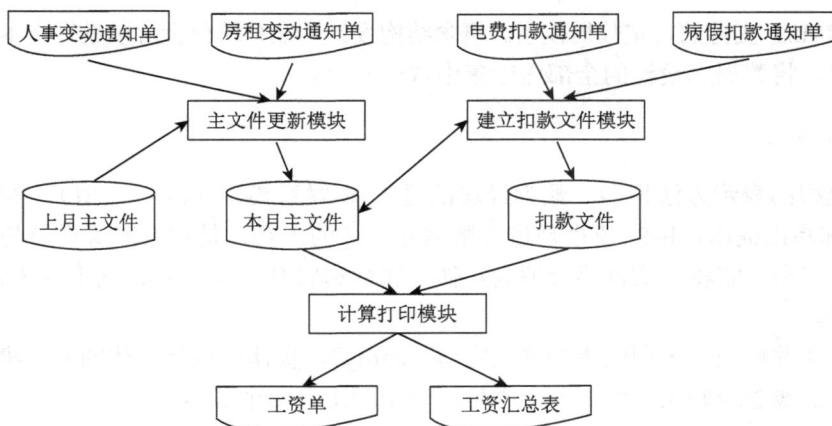

图 6.8　工资管理子系统的信息系统流程图

第四节　数据结构与处理流程设计

一、数据库设计

数据库设计是在选定的数据库管理系统基础上建立数据库的过程。

数据库设计除用户需求分析外，还包括概念结构设计、逻辑结构设计和物理结构设计三个阶段。

由于数据库系统已形成一门独立的学科，所以把数据库设计原理应用到管理信息系统开发中时，数据库设计的几个步骤就与系统开发的各个阶段相对应，且融为一体，它们的对应关系如图 6.9 所示。

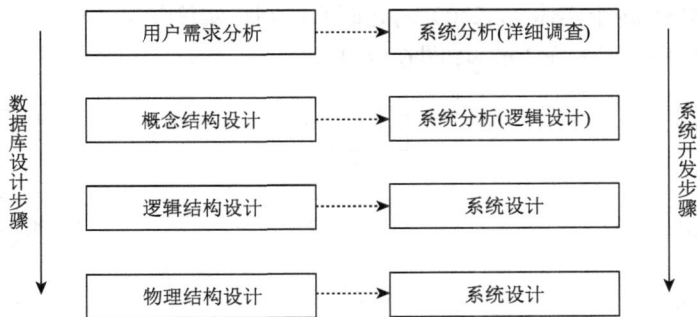

图 6.9　数据库设计与系统开发设计关联图

（一）概念模型设计

概念模型是对客观现实世界的第一层抽象，它不能在数据库中直接实现，只是用户与计算机之间的一个中介模型，它可以转换为计算机上某一数据库管理系统（database management system，DBMS）支持的特定数据模型。概念结构设计应在系统分析阶段进行，本书为了便于用户阅读，将数据库设计的全部内容集中放于此处。

1. 基本概念

概念模型的表示方法很多，最为经典的是实体-联系模型（E-R 模型）。E-R 模型于1976 年由陈品山提出，E-R 模型是进行数据库设计的工具，是数据库管理员与用户进行交流的理想模型。它将现实世界分解为实体、属性和联系，并用 E-R 图来描述它们。

1）实体

客观存在并可相互区别的事物称为实体（entity），实体可以是具体的人、事、物，也可以是抽象的概念或联系。例如一个学生、一个职工、一个部门等。

2）属性

实体所具有的某一特性称为属性（attribute）。一个实体可以由若干个属性来刻画。

3）联系

现实世界中事物内部以及事物之间的联系（relationship）在信息世界中反映为实体内部的联系和实体之间的联系.

（1）一对一联系（1∶1）。如果对于实体集 A（班长）中的每一个实体，实体集 B（班级）中至多有一个实体与之联系，反之亦然，则称实体集 A（班长）与实体集 B（班级）具有一对一联系，记为 1∶1，如图 6.10 所示。

（2）一对多联系（1∶n）。如果对于实体集 A（专业）中的每一个实体，实体集 B（学生）中有 n 个实体与之联系，反之，对于实体集 B（学生）中的每一个实体，实体集 A（专业）中至多只有一个实体与之联系，则称实体集 A（专业）与实体集 B（学生）有一对多联系，记为 1∶n，如图 6.11 所示。

（3）多对多联系（$m∶n$）。如果对于实体集 A（学生）中的每一个实体，实体集 B（课程）中有 n 个实体（$n \geqslant 0$）与之联系，反之，对于实体集 B（课程）中的每一个实体，实体集 A（学生）中也有 m 个实体（$m \geqslant 0$）与之联系，则称实体集 A（学生）与实体集 B（课程）具有多对多联系，记为 $m∶n$，如图 6.12 所示。

图 6.10　一对一联系　　　　图 6.11　一对多联系　　　　图 6.12　多对多联系

2. 表示概念模型的实体——联系方法

该方法用 E-R 图来描述现实世界的概念模型。E-R 图提供了表示实体、属性和联系的方法。

（1）实体，用矩形表示，矩形框内写明实体名。

（2）属性，用椭圆形表示，并用无向边将其与相应的实体连接起来。

（3）联系，用菱形表示，菱形框内写明联系名，并用无向边分别与有关实体连接起来，同时在无向 1 旁标上联系的类型（1∶1、1∶n 或 m∶n）。

注意：联系本身也是一种实体型，也可以有属性。如果一个联系具有属性，则这些属性也要用无向边与该联系连接起来。

（二）逻辑模型设计

逻辑模型设计是将概念结构设计阶段完成的概念模型转换成能被选定的数据库管理系统支持的数据模型。数据模型可以由实体联系模型转换而来。

1. E-R 模型转换为关系数据模型的规则

（1）每一实体集对应于一个关系模式，实体名作为关系名，实体的属性作为对应关系的属性。

（2）实体间的联系一般对应一个关系，联系名作为对应的关系名，不带有属性的联系可以去掉。

（3）实体和联系中关键字对应的属性在关系模式中仍作为关键字。

例如，将图 6.13 所示的概念结构（E-R 图）转化为关系数据模型。

根据这些规则，下面的实体和联系就很容易转换成了对应的关系数据模型：

①供方单位（单位号、单位名、地址、联系人、邮编）；

②物资（物资号、名称、规格、备注）；

③库存（入库号、日期、货位、数量）；

④合同（合同号、数量、金额、备注）；

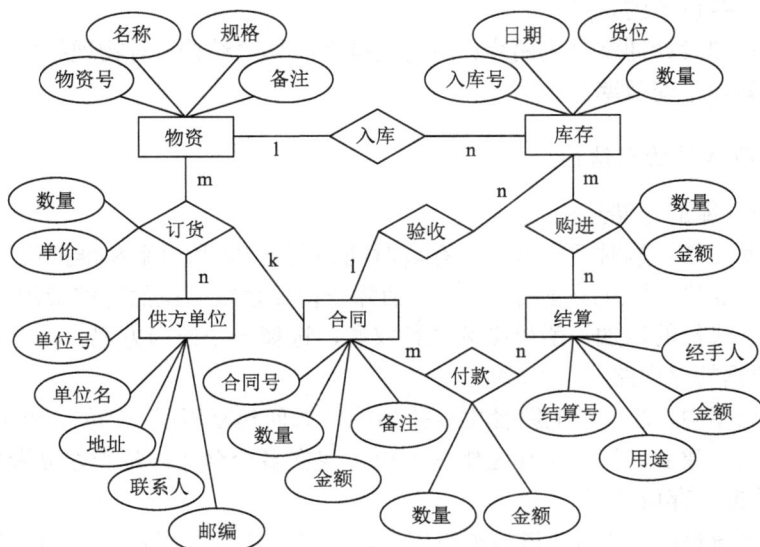

图 6.13　原始 E-R 图

⑤结算（结算号、用途、金额、经手人）；

⑥购进（入库号、结算号、数量、金额）；

⑦付款（结算号、合同号、数量、金额）；

⑧订货（物资号、单位号、合同号、数量、单价）。

2. 数据模型的优化

数据库逻辑设计的结果不是唯一的。为了进一步提高数据库应用系统的性能，通常以规范化理论为指导，还应该适当地修改、调整数据模型的结构，这就是数据模型的优化。

数据模型的优化方法有以下几方面。

（1）确定数据依赖。

（2）对于各个关系模式之间的数据依赖进行极小化处理，消除冗余的联系。

（3）按照数据依赖的理论对关系模式逐一进行分析，检查是否存在部分函数依赖、传递函数依赖、多值依赖等，确定各关系模式分别属于哪一种范式。

（4）按照需求分析阶段得到的各种应用对数据处理的要求，分析这样的应用环境对这些模式是否合适，确定是否要对它们进行合并或分解。

（5）对关系模式进行必要的分解。规范化理论为数据库设计人员判断关系模式优劣提供了理论标准，可用来预测模式可能出现的问题，使数据库设计工作有了理论基础。

（三）物理模型设计

数据库最终是要存储在物理设备上的。为一个给定的逻辑数据模型选取一个最适合的物理结构（存储结构与存取方法）的过程，就是数据库的物理设计。物理结构依赖于给定的数据库管理系统和硬件系统，设计人员必须充分了解所用数据库管理系统的内部特征，特别是存储结构和存取方法；充分了解应用环境，特别是应用的处理频率和响应时间要求；以及充分了解外存设备的特性。

数据库的物理设计通常分为两步：确定数据库的物理结构；对物理结构进行评价，评价的重点是时间和空间效率。

1. 确定数据库的物理结构

1）确定数据库的存储结构

确定数据库存储结构时要综合考虑存取时间、存储空间利用率和维护代价三方面的因素。这三个方面常常是相互矛盾的，例如，消除一切冗余数据虽然能够节约存储空间，但往往会导致检索代价的增加，所以必须进行权衡，选择一个恰当方案。

2）设计数据的存取路径

在关系数据库中，选择存取路径主要是指确定如何建立索引。例如，应把哪些域作为次码建立次索引，建立单码索引还是组合索引，建立多少合适，是否建立聚集索引等。

3）确定数据的存取位置

为了提高系统性能，数据应该根据应用情况将易变部分与稳定部分、经常存取部分和存取频率较低部分分开存放。

4）确定系统配置

数据库管理系统产品一般都提供了一些存储分配参数，供设计人员和数据库管理员对数据库进行物理优化。初始情况下，系统都为这些变量赋予了合理的默认值。但这些值不一定适合每一种应用环境，在进行物理设计时，需要重新对这些变量赋值以改善系统的性能。

2. 评价物理结构

数据库物理设计过程中需要对时间效率、空间效率、维护成本和各种用户要求进行权衡，其结果可以产生多种方案，数据库设计人员必须对这些方案进行细致的评价，从中选择一个较优的方案作为数据库的物理结构。

评价物理数据库的方法完全依赖于所选用的数据库管理系统，主要是从定量估算各种方案的存储空间、存取时间和维护成本入手，对估算结果进行权衡、比较，选择出一个较优的合理的物理结构。如果该结构不符合用户需求，则需要修改设计。

二、处理流程设计

（一）处理流程设计的任务

在获得了一个合理的模块划分即模块结构图以后，就可以进一步设计各模块的处理流程了，这是为程序员编写程序做准备，它是编程的依据。

处理流程设计的任务是设计出所有模块和它们之间的相互关系（即联结方式），并具体地设计出每个模块内部的功能和处理过程，为程序员提供详细的技术资料。

（二）设计工具

1. IPO 图

IPO（input-process-output）图是用来表述每个模块的输入、输出和数据加工的重要加工。

IPO 图是由 IBM 公司提出并逐步完善的一种工具。在系统分析阶段产生数据流程图，经转换和优化形成系统模块结构图的过程中，产生大量的模块，开发者应为每个模块写一份说明。常用系统的 IPO 图的结构如表 6.1 所示：

表 6.1　IPO 图结构

新系统名称：***		模板编号：***		IPO 图编号：***
数据库文件号：***		程序文件号：***		编制者：***
由哪些模块调用：***			调用哪些模块：***	
输入：***			输出：***	
算法说明： 可以是程序流程图、N-S 图、决策树、结构化语言等 局部数据项				

　　IPO 图的主体是处理过程说明。为简明准确地描述模块的执行细节，可以采用决策树/决策表，以及下面将要介绍的控制流程图、问题分析图以及过程设计语言等工具进行描述。

　　IPO 图中的输出/输入来源终止于相关模块、文件及系统外部项，并需在数据字典中描述。局部数据项是指本模块内部使用的数据，与系统的其他部分无关，仅有本模块定义、存储与使用。注释是对本模块有关问题做必要的说明。

　　IPO 图是系统设计中重要的文档资料。

2. 控制流程图

　　控制流程图（control flow graph，CFG）又称框图，是经常使用的程序细节描述工具。控制流程图包括三种基本成分，如图 6.14 所示。

图 6.14　控制流程图的三种基本成分

　　控制流程图的特点是清晰易懂，便于初学者掌握。图 6.15 是工资系统中建立扣款文件子系统的处理流程图。由图可见，该子系统由四个单一的运行程序组合而成。这些程序是：建立扣款文件程序、修改扣款文件程序、排序程序和合并程序。

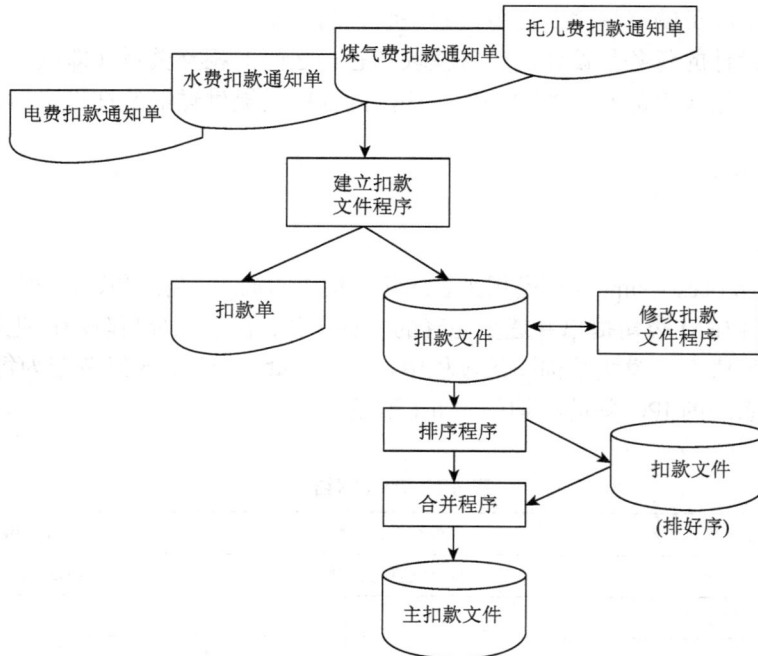

图 6.15　建立扣款文件子系统的处理流程图

　　在结构化程序设计出现之前，控制流程图一直可用箭头实现向程序任何位置的转移

（GOTO 语句），往往不能引导设计人员用结构化方法进行详细设计。箭头的使用不当，会使控制流程图非常难懂，而且无法维护。因此控制流程图的使用有减少的趋势。

3. 问题分析图

问题分析图（problem analysis diagram，PAD）由日立公司于 1979 年提出，是一种支持结构化程序设计的图形工具，可取代前述的控制流程图。

问题分析图仅仅具有顺序、选择和循环三种基本成分，如图 6.16 所示，正好与结构化程序设计中的基本成分相对应。

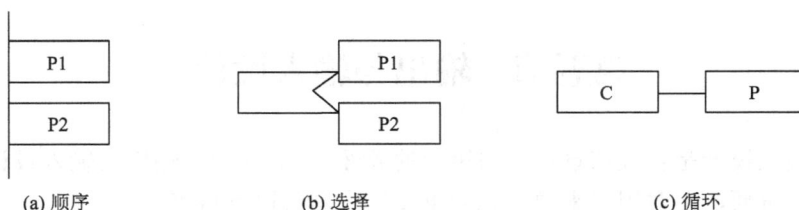

(a) 顺序　　　　　　(b) 选择　　　　　　(c) 循环

图 6.16　问题分析图的三种基本成分

图 6.17 为排序的控制流程图和问题分析图，分别表示 n 个数从大到小排序的过程。

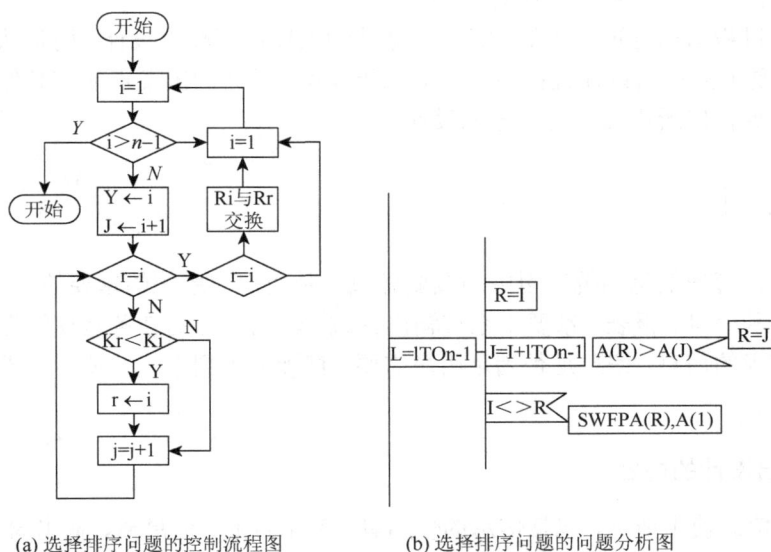

(a) 选择排序问题的控制流程图　　　(b) 选择排序问题的问题分析图

图 6.17　排序的控制流程图和问题分析图

问题分析图的特点在于：以问题分析图为基础，按照一个机械的变换规则就可编写计算机程序。问题分析图有着逻辑结构清晰、图形化标准化与人们所熟悉的控制流程图比较相似等优点。更重要的是，它引导设计人员使用结构化程序设计方法，从而提高程序的质量。

4. 过程设计语言

过程设计语言（process design language，PDL）是一个笼统的名字，有许多种不同的过程设计语言。过程设计语言用于描述模块中算法和加工的具体细节，以便在开发人员之间精确地进行交流。

过程设计语言的外层语法描述结构采用与一般编程语言类似的确定的关键字（如IF-THEN-ELSE、WHILE-DO 等），内层语法描述操作可以采用任意的自然语句（如英语、汉语）。由于过程设计语言与程序很相似，也称为伪程序或伪码（pseudo code）。但它仅仅是对算法的一种描述，是不可执行的。

第五节　输出与输入设计

输出与输入设计是管理信息系统与用户的界面，一般而言，输出与输入设计对于系统开发人员并不重要，但对用户来说却尤为重要，它具备以下特点。

（1）它是一个组织系统形象的具体体现。

（2）它能够为用户建立良好的工作环境，激发使用热情。

（3）符合用户习惯，方便用户操作，使目标系统易于为用户所接受。

（4）为用户提供易读易懂的信息形态。

系统设计过程与运行过程正好相反，不是从输入设计到输出设计，而是从输出设计到输入设计，这是因为输出设计直接与用户需求相联系，设计的出发点应该是保证输出为用户服务，再根据输出所需信息进行输入设计。

一、输出设计

输出设计是管理信息系统应用中的重要环节，是用户与系统的重要的、直接的接口，用户所需的各种信息、报表，都要由系统输出完成。输出设计的任务是使管理信息系统输出满足用户需求的信息。信息是否满足用户需要，直接关系到系统的使用效果和系统的成功与否。

（一）输出设计的内容

（1）输出信息使用情况，包括信息的使用者、使用目的、信息量、输出周期、有效期、保管方法和输出份数。

（2）输出信息内容，包括输出项目、精度、信息形式（文字、数字）。

（3）输出格式，包括表格、报告、图形等。

（4）输出介质和设备，输出的介质包括：磁盘、磁带、光盘、纸张（普通、专用）等；输出的设备包括：打印机、显示器、绘图仪、磁带机、磁盘机、光盘机等。

（5）输出类型的确定，包括外部输出和内部输出：内部输出是指一个处理过程（或子系统）向另一个处理过程（或子系统）的输出；外部输出是指向计算机系统外的输出，如有关报表等。

（二）输出设计的方法

在系统设计阶段，设计人员应提供系统输出的说明，这个说明既是将来编程人员在软件开发中进行实际输出设计的依据，也是用户评价系统实用性的依据。因此，设计人员要能选择合适的输出方法，并以清楚的方式表达出来。

输出主要包括以下几种。

（1）表格信息。一般而言，表格信息是系统对各管理层的输出，以表格的形式提供给信息使用者，一般用来表示详细的信息。

（2）图形信息。管理信息系统用到的图形信息主要有直方图、圆饼图、曲线图、地图等，图形信息在表示事物的趋势、比较等方面有较大的优势，在进行各种类比分析中，起到数据报表所起不到的显著作用。其表示方式直观，常为决策用户所喜爱。

（3）图标。图标也用来表示数据间的比例关系和比较情况，由于图标易于辨认，无需过多解释，在信息系统中的应用也日益广泛。

（三）输出报告

输出报告定义了系统的输出，以便产生易于理解的输出。根据应用的需要，可以采用预印表格、打印多层表格等，周转文件也常在输出设计中使用。

设计输出报告时要注意以下几点。

（1）方便使用者，能为用户提供及时、准确、全面的信息，输出的图形或表格，便于用户阅读和理解。

（2）尽量利用原系统的输出格式，如需修改，应与相关部门协商，征得用户同意。

（3）输出的格式和大小要根据硬件能力认真设计，并试制输出样品，经用户同意后才能正式使用。

（4）输出表格要考虑系统的发展，输出表格中是否为新增项目留有相应的位置。

设计输出报告之前，需要收集各项有关内容并填写到输出设计书上，如表 6.2 所示：

表 6.2 输出设计书

输出设计书					
资料代码	G-Z01	输出名称		工资主文件一览表	
处理周期	每月一次	形式	行式打印表	种类	0-001
份数	1	报送		财务科	
项目号	项目代码	位数及编辑		备注	
1	部门代码	X（4）			
2	工号	X（5）			
3	姓名	X（12）			
4	级别	X（3）			
5	基本工资	9999.99			
6	房费	999.99			

二、输入设计

输入界面是管理信息系统与用户之间交互的纽带，设计的任务是根据具体业务要求，确定适当的输入形式，使管理信息系统获取管理工作中产生的正确的信息。输入设计的目的是提高输入效率，减少输入错误。

（一）输入设计的设计原则

（1）控制输入量。
（2）减少输入延迟。
（3）减少输入错误。
（4）避免额外步骤。
（5）简化输入过程。

（二）输入设备选择

输入设计首先要确定输入设备的类型和输入介质，常用的输入设备有以下几种。

1. 键盘——磁盘输入装置

数据录入员通过工作站录入，经可靠性验证后存入磁记录介质（如磁带、磁盘等）。这种方法成本低、速度快，易于携带，适用于大量数据输入。

2. 光电阅读器

采用光电阅读器读入光学标记条形码或用扫描仪录入纸上文字。光电阅读器适用于自选商场、借书处等少数数据录入的场合。纸上文字的扫描录入费用高、速度慢，但具有较好的发展前景。

3. 终端输入

终端一般是利用一台联网终端，操作人员直接通过键盘输入数据，终端可以在线方式与主机联系，并及时返回处理结果。

（三）输入界面设计

用户界面是系统与用户之间的接口，也是控制和选择信息输入输出的主要途径。用户界面设计应坚持友好、简便、实用、易于操作的原则，避免过于烦琐和花哨。

界面设计包括菜单方式、会话方式、操作提示方式以及操作权限管理方式等。

1. 菜单方式

菜单是信息系统功能选择操作的最常用方式。按目前软件所提出的菜单设计工具，菜单的形式可以是下拉式、弹出式的，也可以是按钮选择方式的（如 Windows 所设计的菜单多属这种方式）。菜单选择的方式也可以是移动光标、选择数字（或字母）、鼠标驱动或直接用手在屏幕上选择等多种方式（甚至还可以是声音系统加电话键盘驱动的菜单选择方式）。

菜单设计时一般应安排在同一层菜单选择中，功能尽可能多，而进入最终操作层次时尽可能少（最好是二级左右）。一般功能选择性操作最好让用户一次就进入系统，只有在少数重要执行性操作时，才设计让用户选择后再确定一次的形式，例如，选择执行删除操作，系统尚未执行完毕前执行退出操作等。

2. 会话方式

在所有的用户界面中，几乎毫无例外地会遇到人机会话问题，最为常见的有：当用户操作错误时，系统向用户发出提示和警告性的信息；当系统执行用户操作指令遇到两种以上的可能时系统提请用户进一步地说明；系统定量分析的结果通过屏幕向用户发出控制型的信息等。该类会话通常的处理方式是让系统开发人员根据实际系统操作过程将会话语句写在程序中。

本节所介绍的是另一类形式的会话管理，这类会话往往反映了一定的因果关系，它具有一定的内涵，是双向式的。前一次人机会话的结果决定了下一步系统将要执行的动作以及下一句问话的内容。对于这一种会话，常将它们设计成数据文件中的一条条记录（一句话一个记录）。在系统运行时首先接收用户对第一句会话的回答，然后执行相应的判断处理。如果有必要，系统通过简单推理再从会话文件中调出相应内容的下一句会话，并显示在屏幕上依此反复，直到最终问题得到满意的解决。这种会话管理方式的另一个好处就是方便、灵活，与程序不直接相关。如果要改动会话内容，不需改变程序而只需改变会话文件中相应的记录即可。它的缺点是分析和判断推理过程较为复杂，所以一般只应用于少数决策支持系统、专家系统或基于知识的分析推理系统中。

3. 操作提示方式与操作权限管理方式

在系统设计时，常常把操作提示和要点同时显示在屏幕的旁边，以使用户操作方便，这是当前比较流行的用户界面设计方式。另一种操作提示设计方式则是将整个系统操作说明书全输入到系统文件中，并设置系统运行状态指针。当系统运行操作时，指针随着系统运行状态改变，当用户按"求助"键时，系统立刻根据当前指针调出相应的操作说明。调出说明后还请求进一步详细说明的方式，可以通过标题（如本书的章节标志所示）来索引具体内容，也可以通过选择关键字方式来索引具体的内容。

另外，与操作方式有关的另一个内容就是对数据操作权限的管理。操作权限管理一般都是通过入网口令和建网时定义该节点级别相结合来实现的。对于单机系统的用户来说只需简单规定系统的上机口令即可。所以在设计系统对数据操作权限的管理方式时，一定要结合实际情况综合确定。

（四）输入数据正确性校验

输入设计的目标是要尽可能减少数据输入中的错误。在输入设计中，要对全部输入数据进行校验。

1. 常见的输入错误的种类

（1）数据本身错误，是指由于原始数据填写错误等原因引起的输入错误。

（2）数据多余或不足，是指在数据收集过程中产生的差错。如数据（单据等）的散失、遗漏或重复等原因引起的数据错误。

（3）数据的延迟，是指数据收集过程中所产生的差错，不过它的内容和数据都是正确的，只是由于时间上的延误而产生差错。这种差错多由开票、传送等环节的延误而引起，严重时，会导致输出信息毫无价值。因此，数据的收集与运行必须具有一定的时间性，应事先确定产生数据延迟时的处理对策。

常见的数据出错的校验方法由人工直接检查、由计算机用程序校验以及人与计算机两者分别处理后再相互查对校验等多种方法。

2. 常用的校验方法

（1）重复校验。这种方法将同一数据先后输入两次，然后由计算机程序自动予以对比校验，如两次输入内容不一致，计算机显示或打印出错信息。

（2）视觉校验。输入的同时，由计算机打印或显示输入数据，然后与原始单据进行比较，找出差错。视觉校验不可能查出所有的差错，其查错率为 75%～85%。

（3）检验位校验。检验位通过事先规定的数学方法计算出来。代码一旦输入，计算机会用同样的数学方法按输入的代码计算出检验位比对后证实输入是否有误。

（4）控制总数校验。用控制总数校验时，工作人员先用手工求出数据的总值，然后在数据的输入过程中由计算机程序累计总值，将两者对比校验。

（5）数据类型校验。校验数据是数字型还是字符型。

（6）格式校验。这是指校验数据记录中各数据项的位数和位置是否符合预先规定的格式。例如，姓名栏规定为 18 位，而姓名的最大位数是 17 位，则最后一位一定是空白，若不是空白，就认定该数据项错位。

（7）逻辑校验。这是指根据业务上各种数据的逻辑性，检查有无矛盾。例如，月份最大值不会超过 12。

（8）界限校验。这是指检查某项输入数据的内容是否位于规定范围之内。如商品的单价，若规定在 50 元至 1 000 元范围内，则检查是否有比 50 元小及比 1 000 元大的数目即可。凡在此范围之外的数据均属出错。

（9）顺序校验。即检查记录的顺序，例如，要求输入数据无缺号时，通过顺序校验，可以发现被遗漏的记录。又如，要求记录的序号不得重复时，即可查出有无重复的记录。

（10）记录计数校验。这种方法通过计算记录个数来检查记录有无遗漏和重复。不仅对输入数据，而且对处理数据、输出数据及出错数据的个数等均可进行计数校验。

（11）平衡校验。平衡校验的目的在于检查相反项目间是否平衡。例如，会计工作中检查借方会计科目合计与贷方会计科目合计是否一致。

（12）对照校验。对照校验就是将输入的数据与基本文件的数据相核对，检查两者是否一致。例如，为了检查输入的用户代码是否正确，可将输入的用户代码与计算机中存放的用户代码总表相核对。

3. 输入设计的评价

（1）输入界面是否明晰、美观、大方。
（2）输入界面是否便于填写，符合工作习惯。
（3）输入界面是否便于操作。
（4）输入界面是否有保证输入数据正确性的校验措施。

第六节　系统物理配置方案设计

随着信息技术的发展，各种计算机软、硬件产品竞相投向市场。多种多样的计算机技术产品为信息系统的建设提供了极大的灵活性，使我们可以根据应用的需要选用不同生产商的性能各异的软、硬件产品，但同时也给系统设计工作带来了新的困难，那就是面对众多厂家生产的产品应如何作出最明智的选择。这就是本节要讨论的物理配置方案设计问题。

一、设计依据

（一）系统的吞吐量

每秒钟执行的作业数称为系统的吞吐量。系统的吞吐量越大，则系统的处理能力就越强。系统的吞吐量与系统软、硬件的选择有着直接的关系。如果要求系统具有较大的吞吐量，就应当选择具有较高性能的计算机和网络系统。

（二）系统的响应时间

从用户向系统发出一个作业请求开始，经系统处理后，给出应答结果的时间称为系统的响应时间。如果要求系统具有较短的响应时间，就应当选择 CPU 运算速度较快的计算机及具有较高传递速率的通信线路。

（三）系统的可靠性

系统的可靠性可以用连续工作时间表示。例如，对于每天需要 24 小时连续工作的系统，其对可靠性要求就很高，这时可以采用双机双工结构方式。

（四）系统的处理方式

如果一个系统的处理方式是集中式的，则信息系统既可以是主机系统，也可以是网络系统；若系统的处理方式是分布式的，则采用微机网络，这种方式能有效地发挥系统的性能。

（五）地域范围

对于分布式系统，要根据系统覆盖的范围决定采用广域网还是局域网。

（六）数据管理方式

根据数据管理方式配备相应的数据库管理系统。

二、计算机硬件选择

计算机硬件的选择取决于数据的处理方式和要运行的软件。管理工作对计算机的基本要求是速度快、容量大、通道能力强、操作灵活方便，但计算机的性能越高，其价格也就越昂贵，所以，在计算机硬件的选择上应全面考虑。一般来说，如果系统的数据处理是集中式的，系统应用的主要目的是利用计算机的强大计算能力，则可以采用主机——终端系统，以大型机或中小型机作为主机，以使系统具有较好的性能。若系统应用的目的是进行企业管理，其应用本身就是分布式的，则应选择微机网络方式，因为它更为灵活、经济。

确定了数据的处理方式以后，在计算机机型的选择上则主要考虑应用软件对计算机处理能力的需求，包括：①计算机主存储器容量；②CPU 运算能力；③输入、输出和通信的通道数目；④显示方式；⑤外接转储设备及其类型。

由于不同计算机的设计目标不同，所以可能在某一方面具有显著的优点而在其他应用场合却令人无法接受，在系统设计时，应根据应用的需要认真选择。

三、计算机网络的选择

如前所述，在管理信息系统开发中，应根据应用需要选择主机——终端方式或微机网络方式。对网络而言，由于存在着多个厂家的多种产品，也面临着网络的选型问题。

（一）网络拓扑结构

网络拓扑结构一般有总线型、星形、环形、混合型等。在网络选择上应根据应用系统的地域分布、信息流量进行综合考虑。一般来说，应尽量使信息流量大的应用放在同一网段上。

（二）网络的逻辑设计

通常首先按软件将系统从逻辑上分为各个分系统或子系统，然后按需要配备设备，如主服务器、主交换机、分系统交换机、子系统集线器、通信服务器、路由器和调制解调器等，并考虑各设备之间的连接结构。

（三）网络操作系统

目前，流行的网络操作系统有 UNIX、Windows 等。UNIX 是最早，也是唯一能够适用于所有应用平台的网络操作系统；Windows 由于其软件平台的集成能力和客户机-服务器模式向浏览器-服务器模式延伸，已被广泛使用。

四、数据库管理系统的选择

一个好的数据库管理系统对管理信息系统的应用有着举足轻重的影响。在数据库管理系统的选择上，主要考虑：①数据库的性能；②数据库管理系统的系统平台；③数据库管理系统的安全保密性能；④数据的类型。

目前，市场上数据库管理系统较多，流行的有 Oracle、Sybase、SQL Server、Informix、FoxPro 和 Visual Basic 等。Oracle、Sybase 均是大型数据库管理系统，运行于客户机——服务器等模式，是开发大型管理信息系统的首选；FoxPro 在小型管理信息系统中流行；Microsoft 推出的 Visual Basic 在管理信息系统开发中也被大量应用；Informix 则适用于中型管理信息系统的开发。

五、应用软件的选择

根据应用需求开发管理信息系统是系统开发的一般情况，这样开发的系统容易满足用户的特殊管理要求。但随着计算机产业的发展，也出现了许多商品化应用软件。这些软件技术成熟、设计规范、管理思想先进，直接应用这些商品化软件既可以节省投资，又能够规范管理过程，加快系统应用的进度。这时，系统设计人员就面临着应用软件的选择问题。

选择应用软件时应考虑以下几方面。

（1）软件是否能够满足用户的需求。根据系统分析的结果，验证软件在功能上能否满足数据表示（如记录长度、文件最大长度等）、数据存储量和查询等方面的要求。

（2）软件是否具有足够的灵活性。由于管理需求的不确定性，系统应用环境不可避免地要经常发生变化，所以，应用软件要有足够的灵活性，允许修改。

（3）软件是否能够获得长期、稳定的技术支持，是否便于今后随着系统平台的升级而不断升级。

第七节　系统设计报告

系统设计报告（又称系统物理设计说明书）是系统设计阶段的主要成果，是新系统的物理模型，也是系统实施的重要依据。

系统设计报告主要包括以下内容：

（1）系统概述；

（2）总体结构方案（包括总体结构图、子系统结构图、计算机流程图等）；

（3）计算机系统配置方案；

（4）代码设计方案；

（5）文件、数据库设计方案；

（6）输入输出设计方案；

（7）系统详细设计方案；

（8）接口及通信环境设计；

（9）安全、保密设计、数据准备；

（10）系统测试计划；

（11）培训计划。

系统设计报告要经领导批准，并得到用户的认可。一旦系统设计报告得到批准，则成为系统实施阶段的工作依据。

思考与练习题

1. 系统设计有哪些内容？应遵循哪些原则？

2. 结构化设计的基本思想是什么？

3. 简述模块独立性的好处。

4. 简述数据凝聚与数据耦合的概念、分类，试举例说明。

5. 模块结构图由哪几部分组成？

6. 模块结构设计应遵循的原则有哪些？

7. 系统物理配置内容有哪些？

8. 代码有什么作用？

9. 在进行代码设计时应遵循哪些原则？

10. 代码的种类有哪几种？

11. 什么是数据库逻辑结构设计？主要步骤如何？

12. 数据输入出错的校验方法有哪些？

13. 试举例说明输入、输出方式各有何特点，应当注意哪些问题。

14. 系统设计阶段的工作成果是什么？具体内容包括哪些？

第七章　管理信息系统实施

一般而言，系统的实施是信息系统开发的第四阶段，在完成了管理信息系统的理论规划、需求分析以及具体的构建设计后，开发者面临着将纸面分析和计划内容投入实际的物理构建和系统产出；通俗来看，管理信息系统的开发就如同一次烹饪，经历了系统规划、分析与设计就是依据实际需求制作的食谱，而系统实施就是根据食谱购买所需的食材，并按照详细步骤进行烹饪，最后呈现的应该是一道完整的菜品。这一阶段工作的具体内容包括管理信息系统的实施方案制订、系统硬件与软件的配置选择、程序的设计、测试调试与集成。

第一节　实施方案制订

管理信息系统的实施方案是指在系统实施前对各项必要的准备工作、所需的材料，及实施步骤进行判定的规范式内容。系统的物理实施过程通常占据了整个系统开发过程的大部分时间，一般认为，系统实施阶段应该占据系统开发时间 70%以上。而前期对于系统的规划、分析、设计等环节都是为其具体的实施工作服务，所以实施过程涉及的资源、对象相较于其他阶段都更为复杂，且对于各项资源和不同工作部门间的相互联系与配合要求更高，任何延误或沟通失灵都可能影响整体系统实施的进度，导致前期的工作浪费甚至整个系统开发的失败。而在以往的系统实施中，目标制定庞大而不细致，广泛但缺乏重点，计划不完整或可操作性差等问题都是常见的误区。

一、实施方案的概述

在管理信息系统的具体实施前，制订一份周密、有效的实施方案是必要的前提，一份兼具目标合理性和计划可行性的实施方案，能促进各项开发工作的协调进行。同时，结合项目管理、质量管理、资源配置管理等管理手段，可以对实施的成本、版本、进度等细节进行更为具体地把控。一般而言，一份有效的系统实施方案必须包括工作进度计划、工作人员分配、项目资金规划三部分。

（一）工作进度计划

管理信息系统的开发与实施是一项时间跨度较长，且工作内容复杂多样的综合性项目，而在管理信息系统的整个开发过程中，实施过程更是对开发团队工作规划和执行能力的考验。因而，为了保证项目系统的时效性和开发工作的规范性，确保实施过程的高效有序，一份科学的实施方案必须要包含对于各项工作的完成顺序的安排和规定，并针对实施的流程顺序和整体的开发时间，做好各项具体工作的时间进度计划。图 7.1 所示的是一个项目进度计划的甘特图。借此保证开发过程中每个步骤都有计划可依、有期限可循。

ID	任务	时间	负责人	2017-05-01					2017-06-01			
				2017-05-01	2017-05-06	2017-05-13	2017-05-20	2017-05-27	2017-06-03	2017-06-10	2017-06-17	2017-06-24
2	系统功能设计	0.6周	Anna									
3	系统数据结构设计	1.3周	Nicole									
4	程序编写	1.7周	Gail									
5	系统调试	0.7周	Audrey									
6	编写系统使用说明书	0.6周	Justin									

图 7.1　项目进度计划

（二）工作人员分配

一个复杂系统的开发实施必然会涉及人数众多的团体协作作业，而不同的模块和分工对于人员的技能、精力和工作重心要求各不相同的，如果无视开发的实际情况和需求，随意调配人员，会导致人力资源的浪费和闲置。而人员的合理分配和分工安排，也能够保证在开发过程中权责明确，避免出现责任空白地带和互相推诿的情况，并能够为相关人员提供适时、精准的培训，提升系统开发效率。

（三）项目资金规划

所谓"兵马未动，粮草先行"，一方面项目资金是系统实施的物质基础，也是一个系统项目中最明确的可分配资源；另一方面，资金的筹措与分配又是最直接影响团队开发效率和士气的因素，所以能否在实施方案中给出各项工作的资金筹措与投入计划，并有效地贯彻到系统开发中，是实施方案是否合理的主要标准之一。

二、实施方案的具体制订

除去以上三项主要工作，不同的开发部门或单位对于实施方案也有着具体的、细节化的要求，从实施的目标到产出的结果，包含了系统实施的方方面面，不一而足。本节列举比较符合基础标准的系统实施方案设计内容要素，以供参考。

（一）系统目标

系统目标是依据前期需求分析调查和设计结论，对管理信息系统的整体设计进行纲领性和实操性兼具的目标规划，该目标应该成为系统设计者参考遵循的核心原则，所以内容应简洁清晰，便于实施者理解。

（二）重点要求

不同的系统所针对的服务对象不同，服务的方式和侧重点也有所不同，系统实施方案的重点要求应该是对系统独特性和功能性的高度提炼，帮助实施人员在系统构建中准确地把握系统的功能设计和服务要点,使系统更为高效、低耗地实现预设的功能,从而服务外部需求。

(三)组织机构及人员构成

组织机构及人员构成需要确定系统开发的组织单位和人员,组织单位包括了开发岗位设置、岗位要求、岗位责任与权限、岗位任务要求;而人员构成包括了参与系统开发的人员数量规划、人员的专业要求、各专业人员在各阶段的配备数量与比例以及相关的人员培训工作规划等内容。

(四)实施步骤

实施步骤是实施方案的主体内容,需要针对前期的需求分析和设计内容,对整体的系统构架进行开发过程细化和分解,并按照科学的系统开发流程进行步骤划分,以确保实施流程的过程流畅、任务清晰。

(五)时间计划

时间计划与实施的步骤紧密相连,在明确了实施方案的具体步骤后,就要根据需求方的大致时间要求,结合实施方案的步骤进行具体的时间安排,给不同的项目内容制定适宜的进度要求和规划。切实可行的时间计划可以帮助团队更有效地掌握开发进度,提升整体的开发效率。

(六)资金预算

基于具体的实施步骤和时间规划,就可以对总体的资金筹措来源和到位情况进行基本规划。资金的来源和用途必须真实有效,且符合实际市场行情,避免含糊其词。对于具体的项目必须做到有针对性地合理预算,以便前期的资金筹备申报,以及为后期开发提供重要的资金参考。

(七)工作要求

工作要求是依据不同的开发部门性质和要求,针对开发实施工作的人员、资产、成果、安全等各方面进行规范要求,作为开发过程中的员工守则,为团队的开发提供制度保障。

在完成了基本的实施方案制定,并在方案的审核通过后,开发团队就可以依据方案开始管理信息系统的实施。

第二节　系统硬件配置与购置

管理信息系统是由人、计算机、外围设备及一整套软件系统所组成,其中计算机和外围设备可以被统称为系统的硬件设备。这些硬件设备是设计和操作人员直接物理接触的信息工具,是进行管理信息系统实施的主要设备。不同的功能需求对于硬件的外观设计、处理速度、运算功能有着不同的要求，所以在进行硬件的配置与购置时应该全面地考虑系统的需求。

　　普及类的计算机教学中，通常将计算机的硬件系统分为控制器、运算器、存储器、输入设备和输出设备 5 大部件，如图 7.2 所示。其中运算器和控制器被集成为中央处理器（central processing unit，CPU），存储器则包括了内部存储器和外部存储器，输入设备与输出设备则同属于计算机的外部设备，简称外设。而随着计算机技术与数字制造产业的发展，各类型号、品牌与功能侧重的硬件层出不穷，且价格、性能、性价比等参考因素也让人眼花缭乱。了解且具备基本的计算机硬件知识是系统开发者应该具备的基础能力之一。

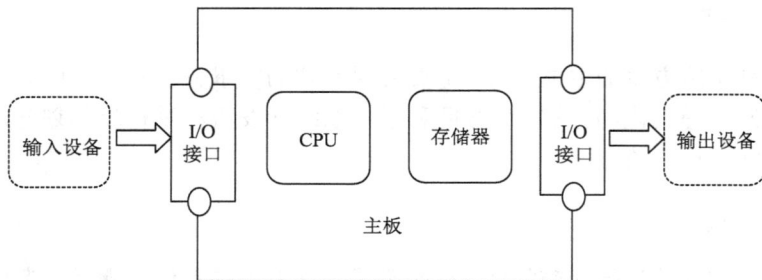

图 7.2　计算机的系统结构简图

一、CPU

　　CPU 作为计算机运算和控制功能的集成元件，是计算机信息处理、程序运行的最终执行单元，也是其最为核心的配件。

　　CPU 由控制器与运算器两部分组成。控制器内包括指令寄存器、指令译码器、节拍发生器和程序计数器，控制器从内存中提取指令后转译给操作电路，通过节拍发生器传递的主频节拍进行控制信息的传递，从而指挥计算机的工作与运行，所以主频越高的 CPU，工作节奏也就越快，其运行速度也就越快，但主频仅仅是 CPU 运算速度的客观表达，并不能代表 CPU 的整体性能。运算器内则由算术逻辑部件（arithmetic logic unit，ALU）和寄存器组成，不同的寄存器用以寄存特殊状态下操作和运算信息等数据，ALU 用于完成逻辑与计算操作。运算器内整体传送和运算的二进制倍数被称为 CPU 的字长，字长决定了 CPU 在单位时间内能处理的二进制数据字长，以 32 位为一单位处理的计算机被称为32 位机，而计算机字长与软件系统也存在相辅相成的关系，例如在 16 位机中，32 字长的软件运行单位也只能达到 16 字长，而在 32 位机中，16 字长的软件也无法体现 32 位机的运算优越性。目前市面上主流的计算机是 64 位机，在软件系统的设计和购买中，应该考虑到字长因素。

　　总体来说，CPU 的功能主要为处理指令、执行操作、控制时间、处理数据。在当前市场上最为主流的 CPU 产品是 Intel 公司研发的 11 代酷睿系列处理器，以及我国采用 MIPS（million instructions per second）体系结构自主研发的"龙芯"系列，这类主流系统产品，均有面向不同运算和控制需求的用户所设计的产品。

二、存储器

存储器一般被分为内部存储器（或被称为主存储器）和外部存储器（或被称为辅存储器），二者都是用于存放计算机运行的程序和数据。

其中内部存储器通常是直接安装在电脑主机内部的内存设备，即通常所说的内存条（random-access memory，RAM）、TF 卡等设备，这类内部存储器与 CPU 地址线直接相连，且通常为短期存储，是连接 CPU 与其他设备的主要通道。而外部存储器通常是可外接操作，并能对数据和程序进行长期保存的设备，常用的外部存储器包括磁盘、光盘、U 盘等存储器。一般而言，内部存储器是计算机的必要设备，容量要求小，价格高，存取速度快；而外部存储器则是根据用户需求选购，容量大，价格较低，存取速度慢。且内部存储器的容量要依据工作内容而定，并非越大越好。

三、输入设备与输出设备

这两种设备是用户物理接触最多的，也被统称为"外部设备"，这类设备是通过数字技术将计算机的信息与用户信息进行转化交互的工具，帮助用户向计算机传输信息的设备是输入设备，将计算机的信息转译给用户的设备则是输出设备。由于技术的发展，外设的更新换代很快，品种功能愈发多样。输入设备包括了基础的鼠标、键盘、扫描仪、录音设备等，而输出设备则有显卡、显示屏、音箱、打印机、绘图仪等。这些基础设备的背后都有庞大的品牌系列、功能趋向和价格差异信息，在购买和选择管理信息系统开发所需的外部设备时，需要综合考量各类设备的综合条件。

总的来说，计算机技术的高速发展让其硬件配置逐渐繁复化，成为一件颇具门槛的工作，但正确的硬件配置也是系统开发实施的必要前提和准备。因此，在硬件的选择和配置中，应该更深入地了解各项硬件指标所指代的运行含义，在选择最合适的数值的同时考虑到预算与购买性价比，只有这样才能更好地为管理信息系统的实施打好物质基础。

第三节　系统软件配置

一、软件的基本概念

如果说硬件是计算机的肢体躯干，那软件就是计算机的灵魂，没有软件支持的计算机就是一套"空壳"，无法进行任何实际的运作。而管理信息系统的实施，直观上来看就是管理软件的构建和运行过程，可见其重要性。相对于物质存在的硬件而言，软件因其多表现为看不见、摸不着的程序、文档，所以被称为硬件的相对面"软件"（software）。

通常人们会将软件视为程序，而实际上软件广义上包含了程序、数据、文档以及使用说明书四部分。

（1）程序是依据某种计算机语言所设计出来的用以表达计算机运行和处理方式的内容表现。

（2）数据是支撑程序开发和运行的重要依据。

（3）文档则多表现为开发人员的计划文档、设计文档、制作与维护文档等。

（4）使用说明书则是软件的使用辅助内容，包括了安装、操作、维护手册以及用户使用手册等。

随着信息技术的不断发展，无论是硬件水平还是计算机语言，都可以说是日新月异，这些因素在完善了软件的操作系统、提升软件和硬件的协调统一、促进高效便捷的软件开发流程的同时，也无形中增加了软件开发的成本。

二、软件的分类

在日常的计算机操作中，我们会用到各式各样的软件，而根据软件的用途与性能的不同，可以将其分为系统软件与应用软件两类。其中系统软件与硬件设备共同组成了一台完整的可运行的计算机，系统软件需要配合硬件为计算机的正常运作提供系统资源和操作服务，其负责协调整个计算机系统中硬件和各种程序间的活动和功能。为了保证计算机硬件的功能正常运行，系统软件会针对专门的 CPU 和硬件进行设计，从而将特定的硬件配置与系统软件包结合，形成完整的计算机系统平台。而应用软件则是那些综合用户信息处理需求、直接处理特定应用的程序。应用软件能够帮助用户解决特定技术问题。简单来看，系统软件是计算机正常运行的必要存在，应用软件则是完善计算机功能的程序。

而系统软件和应用软件也存在各自的分类体系。其中系统软件包括了语言的汇编、解释或编译系统，根据其所完成功能的不同，可以分为以下 4 类。

（1）操作系统。操作系统就是通常所说的 OS（operating system），是计算机最基本也是最重要的软件包。它是用来对计算机软硬件资源进行统一管理、统一调度和统一分配的程序，如 CPU 管理、存储器管理、文件管理和外部设备管理等程序。一般来说，操作系统包含了用户界面、资源管理、任务管理、文件管理，提供常用的实用程序与必要的支持服务五大功能。当下主流的操作系统包括微软（Microsoft）的 Windows 系列，以及苹果（Apple）电脑专用的 Mac OS 系统。

（2）语言与编译系统。程序是由电脑可识别的"机器语言"组成，而语言处理程序就是将程序设计语言所编写的程序转换为计算机可读的机器语言。这类程序通常用来帮助用户设计和开发信息系统的应用程序，可以说是应用程序的"生产地"，或者说是用来编写程序的软件。主要包括各类语言解释器、编译器、程序设计工具及计算机辅助软件工程包。

（3）数据库管理系统。顾名思义，数据库管理系统是针对数据库的开发、使用、维护与组织的系统软件包。其能够将数据集成到数据库中，并向用户开放存取；数据库管理系统最主要的功能是对数据库中复杂数据的管理和使用，并提供数据检索、编辑、统计、排序等操作。比较主流数据库管理系统有微软公司的 SQL Server、Microsoft Office Access 以及 Visual FoxPro，Oracle 旗下公司的 MySQL 等。

（4）其他服务类程序。除了主要保证系统正常运行的程序外，系统软件中还有许多辅助功能和帮助系统运行的系统软件，例如：网络通信程序、支持软件、诊断程序、练习程序等。

应用软件通常被称为应用程序或简称为应用（application），实际上应用软件范围比应用程序更大，其本质是以计算机的硬件与系统软件为基础，通过专门的语言编制用以解决各类实际问题的程序。应用软件的种类繁多、类型五花八门，分类方式也有很多，例如按照获得方式可以分为收费应用软件和免费应用软件；按照源代码开放情况，可以分为开源应用软件和不开源应用软件；按照应用范围可以分为专用应用软件和通用应用软件；更细致的分类就包括了按照应用软件的功能分类。这里着重介绍专用应用软件和通用应用软件。

（1）专用应用软件。这类软件是开发人员针对某一特定的工作环境、业务和工作内容开发的专门性应用软件，其通常只能在特定的情景或者机构中使用，或在拓展后可供多个机构使用，但是不具备扩散应用的功能。例如银行的操作系统平台就是专用应用软件。

（2）通用应用软件。在人们日常生活中，接触更多的可能是通用应用软件，这类软件不需要聘请专门的人员单独开发，而是由一些团队根据用户的普遍需求而开发的，能够自由或通过交易直接获取的应用软件；例如常用的统计分析软件包 SPSS、专业的图像处理软件 Photoshop、办公软件包 Office；以及各类声音、视频、图形、文献等信息处理和分析软件。

总的来说，计算机的软件存在不同的层次和功能结构，如图 7.3 所示，就像一层金字塔，软件和硬件是用户使用的基础构成，而其中软件的分类虽然多样，但有其固定的层次，操作系统是基本的连接软件功能与硬件设备的桥梁，其他软件都以其为基础，其次就是语言和编译系统，是数据库管理系统和应用类程序的基础。而基于数据库管理系统的是与用户直接进行信息互动的应用软件。

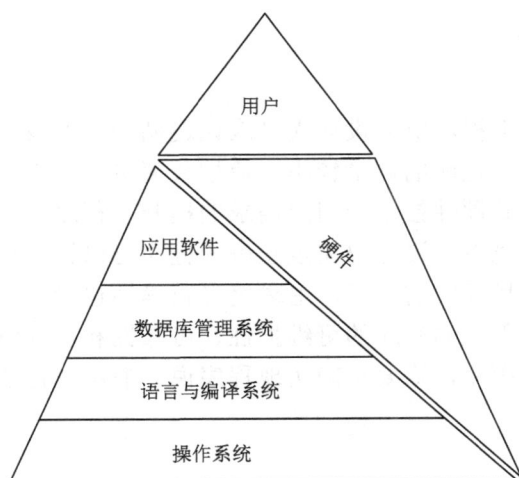

图 7.3 计算机服务层次结构

　　管理信息系统的实践一般具有复杂性和规模性，所以在实践前对于软件的选购，应该考虑到技术的迭代和版本问题，理论上应该购买先进的适用范围广的软件产品和工具。同时，当前的计算机市场中出现的普遍现象是，硬件价格越来越低，而软件价格越来越高，所以在购买时也必须注意性价比与安全性，避免购买盗版软件。

三、系统开发工具的选择

　　管理信息系统以数据处理为主，对于系统开发主要的应用软件包括：数据库管理系统和前端应用程序开发软件。数据库管理系统中比较常用的有：SQL Server、Oracle、Informix、Sybase 等。而前端应用程序开发工具包括：VisualStudio，PowerBuilder、C＋＋Builder 等。在选择开发工具的时候，除考虑性价比因素外，还需要结合不同工具的特点和系统开发的需求，主要考虑以下三方面因素。

　　（1）开发效率。
　　（2）工具与系统的适应性。
　　（3）后续的可维护性和可移植性。

第四节　程序与 App 设计

　　正如前文所述，程序属于应用软件的一部分，而 App 是当下比较流行的针对应用程序的称呼，由于其在手机平台中广泛应用，而被通常认为是手机应用软件的简称。这里我们可以统称其为应用程序，而管理信息系统的实施成果应该是一个可用程序的交付，在程序实施的前期，程序员需要根据设计说明书安装相应的程序语言、开发工具和系统设计资料，对各功能模块或程序模块进行代码编制工作。

一、程序设计原则

　　程序设计是复杂的工程，所以设计人员应该遵循一定的设计原则。在早期的程序设计中由于技术的限制，程序的体量较小、流程较简单，编制人员更多强调的是程序的正确性和效率。但随着硬件技术和用户需求的提升，程序设计的体量越来越大，内容愈加复杂；在这种环境下，设计出完全正确的程序可以说是极其困难的，同时在程序能够实现既定的应用目标的前提下，追求绝对正确性也没有必要。因此，目前较流行的设计观点比较倾向于强调程序的可维护性、可靠性和可理解性，而后才是效率。因此，设计性能优良的程序，除要正确实现程序说明书所规定的功能外，还要遵循以下 5 项原则。

（一）可靠性

　　系统的可靠性是指编制的程序能够保证系统功能的正常和安全运行，并能对特殊情况采取适当的保护措施，以避免造成严重损失，这些都是程序可靠性的范畴。尽管一个程序不可能达到零缺陷，但它应当是十分可靠的。这种可靠应该分为两个方面：一是程序编制的可靠性，即通过对代码编写的认真计划和严格把关，使得其程序在运行时能够保证正确和安全；二是系统分析设计中严格定义程序可靠，包括数据存储、操作权限等系统的安全；管理信息系统常常涉及诸多应用系统内部的信息和数据管理，或涉及重要单位情报，都需要程序的安全操作作为保障。

（二）可维护性

由于程序自身的复杂性，后期的修改和维护必不可少，且将会贯穿系统生命期，通常项目的进行过程中会有很多原因导致系统需要维护，其中包括：程序中存在的错误修复；用户需求的更新；实际情况的变化、功能的完善、新内容的添加等。甚至会出现软硬件的更新换代，这时应用程序也需要做相应调整或移植。在系统生命期内，程序维护内容众多、工作量大、持续时间长等特点都决定了其必须具备良好的可维护性，否则将无法成为一个合格的应用程序，所以可维护性是目前程序设计所追求的主要目标之一。

（三）可理解性

程序的可理解性是针对专业的程序编写人员或相关工作者而言，指程序的结构清晰、易于理解，能够方便相关人员阅读理解编制人员的意图和目的。由于管理信息系统的结构复杂、规模庞大，需要多组编制人员分工合作，所以从合作编程到后续维护，经常需要进行工作交接，这时程序的可理解性就极其重要了。程序编制如同写文章，如果其逻辑通畅、结构明确、简洁明了，便于阅读，就能在最大程度上减轻编制人员的阅读负担和维护压力。反之则会使得整个管理信息系统失去其长期维护的价值。

（四）效率

管理信息系统的效率可以分为两个部分，一方面是指程序的效率，另一方面就是开发效率；其中程序的效率是指计算机资源能否有效地使用，即系统运行时尽量占用较少空间，用较快速度完成规定功能。而随着硬件设备的发展，程序运算效率越来越高，那么程序开发的效率就愈加重要，甚至成为管理信息系统实施中最重要的效率保障。如果程序设计人员的工作效率能够提升，则能够减少经费开支，提升程序可靠性并减轻程序维护工作的负担。

（五）鲁棒性

鲁棒性是系统在面对错误操作、错误数据输入行为时的辨识和阻止能力，鲁棒性强的程序容错率更高，对于部分硬件故障或操作问题引发的系统问题有更强的处理和应对能力。这些能力对于一个结构多样、功能复杂的信息系统来说，就是平稳运行的保障。同时，对于操作对象结构多样、水平层次参差不齐的管理信息系统而言，较强的鲁棒性能够更好地支撑其服务。

二、程序设计方法

程序的设计方法实际上是一种思维组织的步骤和方法，通过科学地对系统进行分析和设计，并依照设计运用相应的设计语言或软件开发工具进行编程实现。合适的程序设计方法可以规划适合的程序编写内容，将覆盖面广、要求多样的系统进行逻辑化的处理，以提升整体的编程效率和程序的功能性。当前应用最多的主流程序设计方法包括了结构化方法、原型方法、面向对象的方法。不同的程序设计方法有其各自的优势和劣势，没有哪种设计方法能够适用于所有的系统开发，不同的方法有其独特的适应面。

第五节 系 统 测 试

在管理信息系统开发已经完成设计中规定的功能后，程序就将正式投入使用，而在此之前，需要经历程序的测试阶段，在测试的过程中进行问题的查找与纠正。因此，系统测试就是要依据系统可能面临的运行环境、数据条件和操作进行反复的程序试运行，并在此过程中发现存在的错误，并加以修改，使之能够更符合设计的要求。

部分程序设计规划中，将这一阶段称为"调试"，二者的目的基本一致，但概念上不能混淆。"测试"更强调发现系统中的错误，而"调试"更强调定位错误和修正错误。因此在操作上二者并不完全相同。有时候可以将系统测试看作系统调试的前置流程，系统测试是系统调试的基础，有效的测试能够帮助程序员更好地找到问题，无论是"测试"还是"调试"都是系统实施中的重要环节，也是系统实施成功的重要保证。

要做好系统测试，除了需要标准的工程计划和方法外，还需要明确测试的目的，即为了找出错误、完善系统，而不是仅仅为了通过测试，所以为了通过测试而敷衍地挑选数据和简化流程的行为无异于南辕北辙。程序测试的目的是找错，而不是证明程序无错，所以越重视程序的测试，就越应该严格测试流程，采用高质量的测试数据，高水平的测试人员，这也是一个优秀的管理信息系统实施的必要条件。

一、系统测试的类型

系统测试按测试对象不同，通常被分为：单元测试、组合测试、确认测试、系统测试、验收测试五种类型。有人认为 5 种类型是相互独立的分类，也有人认为这是系统测试的 5 个阶段。本书认为系统测试的不同分类具有前后关联的线性关系，但并非绝对的依附关系。

（一）单元测试

单元测试也被称为模块测试，是以模块为单位的测试方式，由程序员静态地对照设计说明书进行源码审查，针对所有主处理路径进行测试并与预期结果对照，测试内容包括：

模块接口、数据结构、边界条件、覆盖条件以及错误处理等。由于模块并不是孤立的程序，所以测试时需要辅助模块来模拟与被测模块相联系的模块。

（二）组合测试

组合测试也被称为集成测试，当完成了单元测试后，就需要将已经通过测试的单元模块组合起来，形成一组模块，进行测试，测试内容包括确认模块组合连接是否正常；能否保证数据有效传输和数据完整性；交互界面能否满足设计需求；硬件设备连接是否正常等。组合测试有自上而下和自下而上两种测试，自上而下测试是从控制层自上而下逐步增加模块进行测试，而自下而上则相反。

（三）确认测试

通过组合测试后，确认各模块接口正常后，需要进行确认测试，以确保系统能够正常工作，并符合"软件需求说明书"中规定的功能和性能要求。确认测试的内容包括：系统输入、处理、输出功能是否正常；系统数据精度、时间特性、适应性是否满足设计要求；其他限制条件（如安全性、可维护性、可移植性等）测试。确认测试应该由一个独立的测试组织进行，确保能够从用户的角度进行公正、客观的测试。

（四）系统测试

完成确认测试后，需要对系统的整体性能进行综合测试，对象是全部软件、硬件组成的系统，主要解决各子系统间数据通信和数据共享的问题。具体内容包括：软件性能测试、强度测试、安全测试等。

（五）验收测试

验收测试是系统测试的最后一个环节，需要测试人员模拟用户在实际工作环境下试运行系统，确认系统能否达到验收标准。验收测试的内容包括：文件资料的审查验收；计算机存储空间的余量检查；系统运行性能、功能等。

二、系统测试的内容

从系统测试的分类中可以看出，测试所采取的模式是不同的。其大致可以分为两种模式：静态测试和动态测试。

（一）静态测试

静态测试又称代码复审，顾名思义测试的对象是系统程序代码，测试形式则是阅读审查，通过人工方式对系统文档和程序进行审查，检查系统静态结构下的程序，找出编译中的错误。静态测试执行简单、效率较高。是系统测试中筛选排除代码和逻辑错误的主要手段，其主要的形式可以分为以下三种。

1. 自查

自查的主体一般是该系统源程序的程序负责人，在系统编码完成后，程序负责人进行自查，但由于程序负责人难以发现自己的编写错误，且纠正率也不高，所以这种自查方式的效率并不高。

2. 走查

针对自查的缺陷，走查测试由多名未介入过系统开发，但具备系统设计经验的专业人员组成的测试小组负责。测试小组在预先阅读系统设计资料和源程序的基础上，将测试数据输入程序，并对系统的执行情况进行跟踪记录，以人工代替计算机的模式将程序逻辑运行一遍，查找错误。但走查测试依赖人工，运行较慢，无法进行大量的数据测试。

3. 会审

会审的人员构成与走查类似，测试模式类似于会议讨论，参与人员根据错误类型清单，列出重点关注的问题，在会审中通过对程序负责人的审查、提问和讨论，分析可能产生的错误，并对程序整体的功能、结构、风格等表现进行审定。

（二）动态测试

不同于静态测试的编码阅读模式，动态测试主要依赖于测试用例，在动态测试中，测试人员需要从可能的输入数据中找出一组最具代表性的数据进行测试，这就是用例测试。程序人员根据测试需求预先设计用例，并控制程序的运行，在程序运行过程中对程序行为进行多角度观察，找出错误。通常动态测试需要包括如下工作内容。

（1）制订测试计划。

（2）设计测试用例。

（3）确定测试过程规划。

（4）执行测试并记录结果。

（5）编写测试报告。

而根据测试的情况不同，动态测试有白盒法和黑盒法之分，不同的测试方法也有不同的用例设计方法。

（1）白盒法。白盒法又称结构测试法或逻辑驱动测试法，是指将测试程序看作一个透明的盒子，程序内部的逻辑结构和相关信息是可见的。测试人员根据这些信息进行测试用例的设计，对程序所有的逻辑路径进行测试。白盒法主要用来测试模块内部的逻辑错误。

另外白盒法的用例设计方法主要是逻辑覆盖，包括了语句覆盖、判定覆盖、条件覆盖、判定条件覆盖、条件组合覆盖、路径覆盖等。

（2）黑盒法。黑盒法又称功能测试法或数据驱动测试法，与白盒法相对的，黑盒法是指将测试程序看作一个不透明的盒子，测试人员无法获取程序逻辑结构和内部特性的相关信息，只能依据程序的需求规格说明书，对照观察程序功能是否达到要求，或是否有异常情况。其主要检查的错误包括：功能错误、输入与输出错误、性能是否满足、数据结构错误、外部信息访问错误以及初始化或终止性错误。

常用的黑盒法用例设计有等价类划分、边界值分析法、错误推断法和因果图法、正交实验设计法、随机测试等。

三、系统测试的注意事项

在系统测试中，需要特别注意如下问题。

（1）系统测试应该落实到系统的建构过程中同步进行，而不是等到系统构建完成后再统一测试，否则庞大的系统会增加测试的时间和难度，同时还会大大增加修改错误的成本。

（2）坚持"回归测试"，修改了旧代码后，重新进行测试以确认修改没有引入新的错误或导致其他代码产生错误，以及新代码没有破坏旧代码的功能。

（3）系统错误也存在"帕累托法则"，即20%的模块中会集中出现整个系统中大部分的错误，所以对于错误较多的模块，应该进行多次的集中测试。

（4）检查系统测试环境是否搭建成功，针对当前管理信息系统基于C/S或B/S的系统体系结构等环境，需要确认系统用例的搭建是否与测试环境一致。

（5）注意测试用例中的前提条件和特殊规程说明。

（6）不能抱有侥幸心理，在测试中，可能会出现有的错误仅出现过一次，后面就没有出现，但这种偶然现象通常就是系统隐藏最深的错误，需要多次测试。

第六节　系统集成

完成了管理信息系统的设计后，用户将获得一个可供使用的完整系统。此时使用单位需要对其进行系统集成操作。

一、管理信息系统集成的含义

美国IDC公司将系统集成定义为将软件、硬件与通信技术组合起来为用户解决信息处理问题的业务。但从广义上来看，软件、硬件与通信技术的组合是信息系统开发设计的阶段，而系统集成还包括了后期产品与服务的结合，以实现特定功能的业务。因此广义的管理信息系统集成可以概括为多元素构建的系统与其他管理元素有机结合的过程。

因此，管理信息系统的实施过程就是一个以系统本身为目标进行的元素组合行为，即系统集成的一部分；但不能将实施过程完全等同于系统集成，顺利开展管理信息系统的集成，不仅要考虑诸多技术因素，还要将管理因素考虑其中。在前期的管理信息系统开发实施过程中，已经完成了诸如需求分析、案例设计、项目管理、软硬件配置、应用软件开发等基础的技术性工作。其他的集成工作可以按层次不同划分为：网络集成、数据集成、应用集成、安全平台和管理体系5个层次。

（一）网络集成

网络集成技术的主要目的是提供管理信息系统运行的硬件环境、支持网络系统的互联及系统软件运行的物质基础。网络集成工作包括：网络结构设计、综合布线、异构信息系统的网络互联、各种网络设备和服务器的组合配置和选型、机房各项基础设施（电力系统、门禁系统、接地系统等）的配置、服务器虚拟化、存储虚拟化等。

（二）数据集成

数据集成是管理信息系统集成建设中最深层的、最核心的工作，数据集成的核心任务是将互相关联的分布式异构数据源集成起来，使得用户能够以透明的方式访问这些数据源。数据集成工作包括数据采集技术、XML 技术、元数据、ETL 技术、公共数据模型、数据仓库、多维数据分析、数据挖掘、用户集成与统一身份认证等。

（三）应用集成

应用集成是将基于不同平台和设计方案建设的应用软件和系统，有机地集成到一个无缝的、并列的、易于访问的单一系统中，使它们作为一个整体进行业务的处理和信息共享。目前业界公认最佳的方式是面向服务的体系框架（service-oriented architecture，SOA）。应用集成涵盖了分布式对象、消息中间件、Web Service 技术、跨编程语言集成、跨操作系统集成等。

（四）安全平台

集成的管理信息系统异构性强，开放性强，所以也会存在更多的安全漏洞和隐患，一旦遭到攻击，将对管理信息系统的安全性造成严重的威胁。为此，系统需要进行安全防护体系的设计，该安全体系的设计将涉及集成工作的各个层次的内容。具体包括了冗余链路设计、数据备份技术、防火墙技术、入侵检测技术、漏洞扫描技术等安全技术。

（五）管理体系

管理工作是管理信息系统的重要组成部分，是保障管理信息系统集成工作顺利开展并最终成功完成的关键。信息系统集成中的管理工作将完成针对特点用户需求的信息系统集成的任务作为一个项目进行管理。整个管理体系包括项目管理、项目招投标、项目工程监理等方面的内容，贯穿了整个管理信息系统开发工作。

二、管理信息系统集成的原则

为了保证集成后的信息系统能够满足用户的各种需求以及系统开发本身的需求，信息系统集成采用的相关技术和设计应该遵循如下原则。

（一）先进性原则

先进性原则即强调系统集成前瞻性。这里包括了目前先进性和未来先进性。建立一个复杂的信息系统需要花费大量的人力、物力、财力，能否保证长期适用，是非常重要的。因此在集成时，要选择先进和成熟的计算机软硬件技术，使新建立的系统能够最大限度地适应今后技术发展变化和业务发展变化的需要。

（二）开放性原则

一个可集成的信息系统必然是一个开放的信息系统。只有开放的系统才能满足可互操作性、可移植性以及可伸缩性的要求，才可能与另一个标准兼容的系统实现"无缝"的互操作，应用程序才可能由一种系统移植到另一种系统，不断地为系统的扩展、升级创造条件。因此，系统硬软件平台、通信接口、软件开发工具、网络结构的选择要遵循工业开放标准。

（三）实用性原则

实用性原则即集成的系统能最大限度地满足实际工作要求。系统集成时，要避免一些误区，如认为技术越先进越好、价格越便宜越好、性能越强越好、设备越多越好。而是要充分考虑用户当前各业务层次、各环节管理中数据处理的便利性和可行性，把满足用户业务管理需求作为第一要素。技术方案要求采取总体设计、分步实施的方式。用户接口及节点设计充分考虑视觉特征等。

（四）可扩充与可维护性原则

系统维护和后期扩展在整个信息系统的生命周期中所占比重是最大的，所以，提高系统的可扩充性和可维护性是提高管理信息系统性能的必备手段。针对这一原则，信息系统集成要以参数化方式配置系统的硬件、软件及其相关参数的功能。软件要采用模块化结构，充分考虑软件的维护性和移植性，同时要合理地设计数据结构和存储结构等。

（五）可靠性原则

系统故障有可能给用户带来不可估量的损失，所以要在系统设计的时候，采用一些能够提高系统可靠性的技术，如备份、冗余、容错和故障管理技术。如采用具有容错功能的服务器及网络设备，选用双机热备份的硬件设备配置方案，出现故障时能够迅速恢复并有适当的应急措施；每台设备均可考虑离线应急操作，设备间可相互替代；采用容灾数据备份与恢复、数据日志、故障处理等系统故障对策功能；采用网络管理、严格的系统运行控制等手段达到系统监控功能。

（六）安全保密原则

信息系统安全的重要性是不言而喻的。在进行信息系统集成时要针对用户的安全需要，采用安全级别较高的产品采取操作权限控制、设备钥匙密码控制、系统日志监督等手段防止系统数据被窃取和窜改。

（七）经济性原则

信息系统集成工作必须考虑经济预算问，在满足信息系统需求的前提下，应尽可能选用价格便宜的设备，以便节省投资。

思考与练习题

简述题

1. 用图示总结管理信息系统的实施阶段的工作步骤。
2. 简述计算机软件的组成要素。
3. 简述几种开发方式的优、缺点及适用情景。
4. 试用结构化方法设计一个简易的管理信息系统。
5. 系统测试和系统调试的区别是什么。
6. 试用等价类划分法设计一个测试用例。
7. 试论系统数据集成的具体内容。

案例分析题

案例 7-1　某单位档案馆的系统测试工作

某市级单位档案馆外包了档案管理信息系统，但承包公司的项目开发小组未按照规划完成软件编程工作，延期进入了测试阶段，因此该开发小组的项目经理提出，必须要"紧抓项目速度"，在测试用例设计时，为了不耽误项目速度，项目小组采取设计最少数量但最具代表性的测试用例，测试用例能够大致表示系统运行步骤即可，只要保证正常交付和安全性，其他的可以依靠后期维护。在该模式下，档案管理系统如期通过测试。

案例讨论

1. 系统开发中测试工作的目的是什么？该案例中，项目经理违反了哪些测试原则？
2. 你认为本例中开发小组的系统实施中存在哪些问题？应该如何改进这些问题？

第八章　管理信息系统运营

当管理信息系统的实施阶段完成后，通常可以获得一个完整的、可运行的管理信息系统实体。而在此基础上，围绕该系统所展开的系统运行、管理、评价和维护活动都属于管理信息系统的运营。管理信息系统的运营属于开发团队帮助用户正式接入系统，理解并使用系统，同时完善和维护系统的过程，是开发团队的后期工作重心。而系统在投入正常运行后，其持续时间通常是长期的，而在这种长期的运行下，管理信息系统是否能够顺利运行，将直接关系到系统的正常使用，以及用户的体验。本章将依照系统运营的逻辑关系进行线性梳理。

第一节　运营计划与系统切换

运营计划属于运营前的准备工作，也可以称为发行计划，即在管理信息系统正式运营之前，对于运营相关的工作进行准备和确认。其中包括对运营资格的确认计划，系统安装与调试计划、人员培训计划、后期维护计划等。其中系统正式投入运营的第一步，就是系统切换。通常在系统完成测试并交付使用后，常常会面临新系统替代旧系统的过程，这个过程中旧系统会停止使用，而新系统投入运营，这个过程被称为系统切换，也称为系统上线。

一、系统切换的准备工作

系统的切换需要做好相应的准备工作，通常包括：数据的整理与录入、文档的准备以及用户培训。

（一）数据的整理与录入

新系统的运行是以运行环境下的数据支撑为基础的，所以在系统切换前，应该按照新系统对数据要求的格式和内容统一进行收集、分类、编码和预处理。其中录入是指将整理好的数据输入计算机进行相应的存储，以服务新系统的运行。此外，还要完成运行环境的初始化工作。同时，在数据的整理和录入工作中，还要特别注意对变动数据的控制，其必须在系统切换时保持最新的状态。

通常，新系统的数据整理与录入工作量特别庞大，而给定的完成时间有限，所以要集中一定的人力和设备，争取在尽可能短的时间内完成这项任务。为了保证录入数据的正确，首先数据整理要规范，其次尽量利用各种输入检验措施保证录入数据的质量。

（二）文档的准备

在系统开发结束后，应该有一套完整的系统开发文档资料，它记录了开发过程中的开发轨迹，是开发人员工作的依据，也是用户运行系统、维护系统的依据。文档资料要与开发方法相一致，且符合一定的规范。在系统运行之前要准备齐全，形成正规的文件。

（三）用户培训

系统切换通常要基于新系统的运行并在一定时间段内完成，而在这段时间内，用户或相关的基础操作人员、业务管理人员等会成为关键的因素，所以需要对相关用户进行系统知识、技能的培训，以及信息管理规则的培训。按不同的用户层次分，可以将培训内容概况为：

（1）操作人员，培训专门的操作和管理技能。

（2）业务人员，了解系统原理和岗位职责，学会系统使用方法，熟练进行业务操作。

（3）管理人员，懂得如何利用系统分析数据来辅助决策和管理工作，了解数据来源和分布情况，掌握必要的数据查询和分析方法。

各层次人员培训内容还包括系统规则、管理制度、行为规范与防范措施等。人员培训的方式可以根据实际需要灵活设置，通常采用的方式有集中授课、模拟演练、实习操作、上机帮助、在使用中进行指导等。

无论采用哪种方式，一般要求培训工作要有充分的准备。这不仅是为了在系统完成之后就可以立即投入使用，也可以对硬件和软件进行及时的检验和进一步的修改和完善。

二、系统切换的方式

系统切换的方式通常包括直接切换、并行切换、阶段切换和试点切换四种方法。

（一）直接切换

直接切换顾名思义，是采取简单直接的切换方式，依据运营计划，在一个特定时刻停止旧系统的使用，同时接入新系统，并投入运行，如图 8.1 所示。这种切换类似于身份证更新，在重新办理身份证的同时，旧身份证失去效应，新身份证即时生效。但不同于纸面的效用权益变更，系统的直接切换虽然具有同样的便捷和低成本的特征，但也有着系统安装可能出现的高风险。

对管理信息系统的运营而言，由于新系统并未正式运行，系统在运行中出现错误在所难免，但错误一旦发生，会给整个业务体系带来巨大的风险。因此，如果要使用直接切换的方式，必须要经过详细的测试和模拟运行，并做好预先的风险评估和保护措施；否则一旦运行出现问题，新旧系统都无法使用，必将给用户造成严重的损失。

基于这样的特点，直接切换的方式显然适用于一些小型的、简单的系统，或是对于信息时效性要求不高的系统。而一些比较重要的大型系统通常不宜采用这种切换方式。而即便是小型系统，也需要旧系统的备份和支持，以便在出现问题时能够应急，且切换工作应选在系统业务量较少的时间段进行。

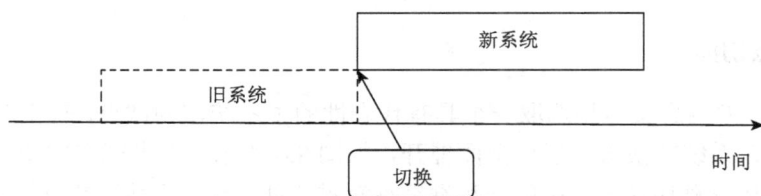

图 8.1　直接切换

（二）并行切换

并行切换是针对直接切换的弊端所相应采取的在一段时间内容许新旧系统并行，各自完成相应的工作，并互相对比、审核。等到新系统稳定后，再停用旧系统，如图 8.2 所示。并行切换的时间较长，一般会持续 3～6 个月，有的甚至会需要一年。而双系统并行对于人工、设备和费用的要求也是翻倍的，所以并行切换的费用通常较高。双系统并行保证了系统的延续性，新旧系统的对比能保证过渡的平稳性，减小风险，提升系统转换的成功率。因此，比较适用于一些重要性高，预算充足的大型系统。例如，我国的会计电算化系统就明确规定必须采取并行切换的方式。

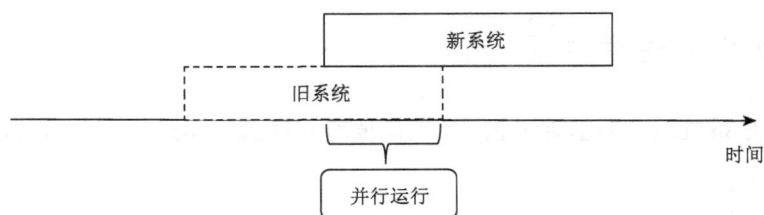

图 8.2　并行切换

（三）阶段切换

阶段切换结合了直接切换和并行切换的特点，采取了分阶段切换的方式进行新旧系统的交替，如图 8.3 所示，管理信息系统开发完成部分，那部分就可以在某一时间段平行运行。既避免了直接切换的风险，也降低了成本。但阶段切换也有其自身的缺陷，其最大的问题是新旧系统的衔接，当旧系统的某部分切换成新系统时，剩下的部分和新系统间的接口就会变得多且复杂。当然，阶段切换依然是结合了两种切换方式的优点，保障了系统平稳、可靠的运行，适用于大型的系统，成为当前许多组织选择的方法。

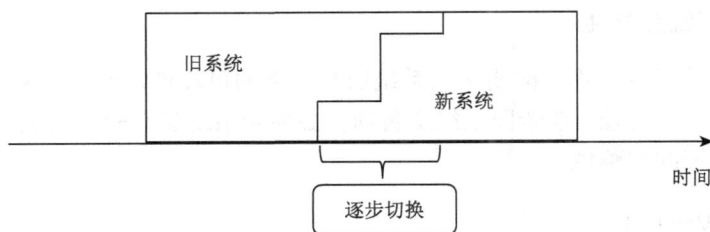

图 8.3　阶段切换

（四）试点切换

试点切换，顾名思义是指选取一个具有代表性的子系统作为试点，转换旧系统中对应的子系统，待该系统转换成功后再全面铺开，如图 8.4 所示。而当试点成功时，铺开的方式可以选择上述三种切换方式中的一种继续逐渐推广新系统。这种切换方式时间短、费用低、通过试点的切换模式，也能提升系统用户和管理者的信心。

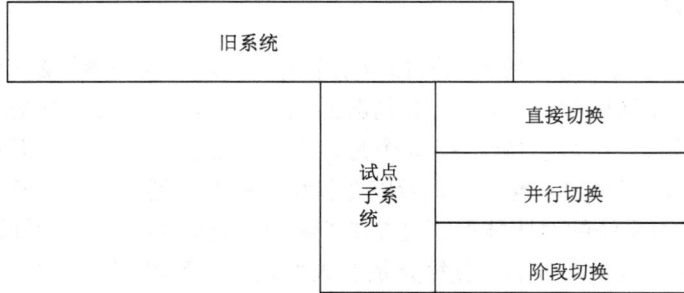

图 8.4　试点切换

三、系统切换的注意事项

系统切换是系统运营的基础步骤，所以需要特别注意切换过程中的问题，主要包括以下 4 个方面。

（一）切换方法的选择

上文介绍了 4 种主要的系统切换方法，其中强调安全性和技术便捷性的并行切换方法应用最多。当然，具体的方法还需要根据运营系统的实际情况进行选择，也可以采取多种切换方式配合使用。

（二）充分准备数据

在进行系统切换时，充分的数据可以帮助新系统更好地运作，对于怎样才算充分的数据并没有明确的定义，但依据系统体量不同，数据的准备也有所不同。但毋庸置疑的是，充足的数据是系统运营的基础原料，充足的数据准备是系统切换的催化剂。

（三）保证系统完整性

无论采取何种切换方式，都要保证系统切换结果的可靠性，而不是随着系统的切换，就改变了原有的数据处理，在新旧系统交替前，必须为系统建立验证控制，以检查系统切换是否破坏了系统的完整性。

（四）做好应急预案

系统切换的错误不仅仅可能出现在直接切换模式下，任何一种切换方式都可能出现系统问题，只有事先做好应急预案，准备好相应措施，才能最大限度地减少损失，提升系统切换的成功率。

第二节　运营管理

管理信息系统正式交付运行后，在确保正常运行的情况下，相关开发部门的工作就转向了系统运营。运营工作伴随着系统运行的整个过程，通常短则 3～5 年，长则 10 年。因此，整个运营过程中，必须进行有效的运营管理，一个完整的管理信息系统的运行管理活动包括：日常运营管理、数据整理和文档管理等。当前，许多单位都存在着"重开发、轻运营"的思想，所以强调管理信息系统的运营管理显得十分必要。

一、运营管理的组织机构

通常管理信息系统的运营需要依靠相应的信息系统管理部门，这类部门被称为信息管理部门或信息管理中心等。其主要的职责是信息的管理和信息系统的运营和维护。在不同的时期和单位，对于信息系统管理部门的重视程度也有所不同，这在一定程度上影响了其组织机构的形式。一般来看，信息系统运营的部门在我国企、事业单位中的组织机构有四种形式。分别是零散组织式、下属机构式、信息中心式和中心统筹式。

（一）零散组织式

零散组织式是信息系统发展早期或者发展不完善的情况下，部分企、事业单位采取的信息组织机构模式；如图 8.5 所示，由于信息系统没有形成有机整体，各部门都拥有独立的信息系统，在运营管理上各自为政，系统内的资源也不能和其他部门共享，极大地制约了系统整体的资源配置和利用，这种分割零散的组织架构也容易导致诸多管理问题。

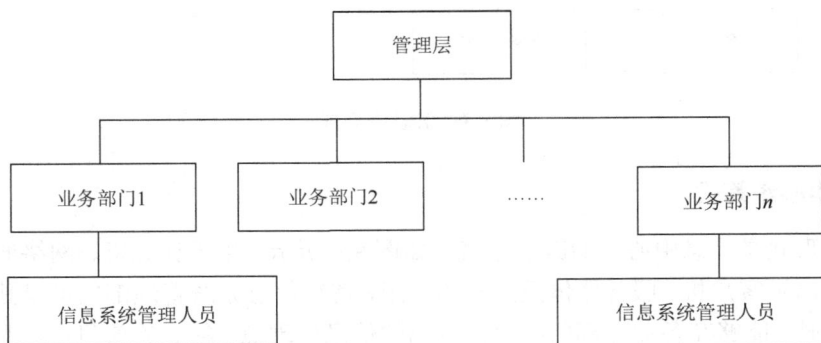

图 8.5　零散组织式

（二）下属机构式

该组织形式是将信息系统的管理机构独立出来，成为与其他职能部门并行的机构，直接对上级管理层负责，采取统筹管理模式，如图 8.6 所示。这种模式下的信息系统管理机构作为与其他独立部门同样的机构，能够有效地实现信息系统的运营管理和资源配置。但作为管理层的下属机构，信息管理机构的决策能力较弱，主要负责执行工作。

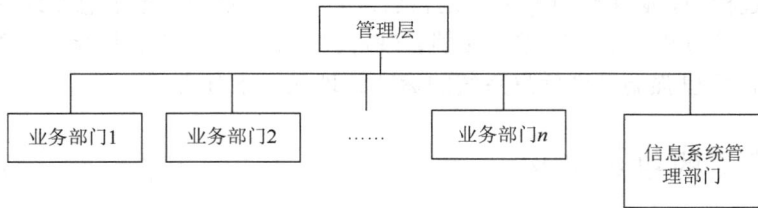

图 8.6　下属机构式

（三）信息中心式

该组织形式下的信息系统管理机构被整合为一个独立的信息中心存在，直接对最高决策层负责，如图 8.7 所示。这种模式下的信息系统管理机构以为领导层提供信息资源和决策建议为主要任务，其自主性和权限更大，统筹能力更强，但容易造成与业务部门的脱节和服务不足的情况。

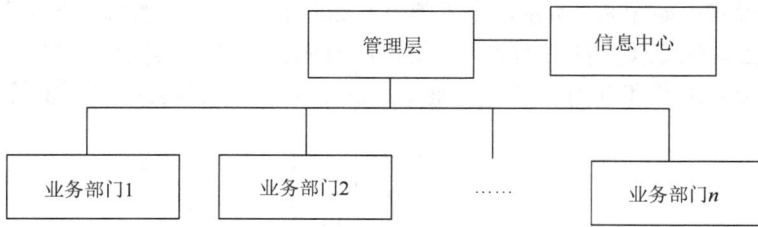

图 8.7　信息中心式

（四）中心统筹式

该组织形式是信息中心式的改进模式，如图 8.8 所示。由于计算机、网络通信等各项技术的发展以及客户机、服务器体系结构的运用，使得信息系统管理部门可以独立于其他业务部门之外，能够在各业务部门中设置专属的信息处理点。各业务部门可以配专人负责该部门的信息系统运营业务，同时这些处理点又归信息中心统筹。信息中心既能站在企业的高度统理信息系统运营，又能深入了解并满足各业务部门的需求，有利于加强企业信息资源的综合管理。

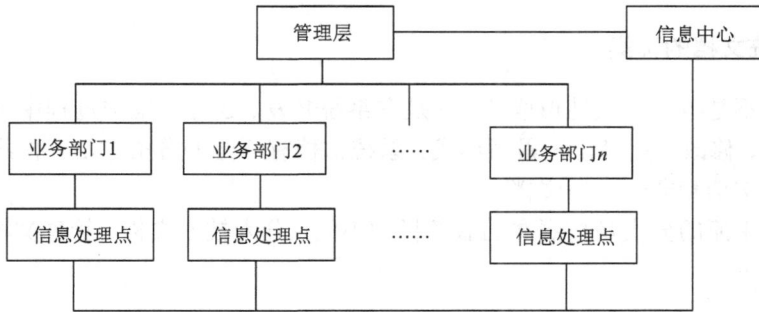

图 8.8 中心统筹式

二、系统的日常运营管理

管理信息系统运营管理的目的是为系统正常运行提供稳定的环境,稳定的运行环境是系统能否达到预期目标的根本保证。因此,在工作量巨大的系统日常运营管理中,除了对于机房和设备的管理外,更多的内容是数据收集、校验和录入、数据处理、系统运行记录、系统的维护以及系统的安全性管理。

其中数据的收集、校验和录入都是系统的输入部分,数据输入的质量直接决定了系统运行的结果,所以日常运营时,运营团队应该注意设定合理的数据收集标准,提升数据质量,并做到快速、准确地数据录入和校对。

数据处理则包括:例行的数据更新、统计分析、报表生成,数据的存储、备份、保存、发布、交流等。这些工作占据了系统日常运营的绝大部分时间,也是帮助系统正常、有序工作所不能忽视的内容。

系统运行情况的记录主要是针对系统软、硬件及数据等运作情况的记录。由于系统运行中可能出现正常、不正常以及无法运行等情况,面对不正常或无法运行的情况,管理人员需要将相关的情况和原因进行详细的记录,为后期的维护工作提供基础材料以供分析。系统运行情况的记录应事先制定尽可能详细的规章制度,具体工作由使用人员完成。系统运行情况无论是自动记录还是人工记录,其记录都应作为基本的系统文档长期保管。另外,系统的记录工作会比较烦琐,在实际的执行过程中容易流于形式,所以,许多运营团队选择在系统中设置自动记录功能,如系统日志功能,以帮助记录。

三、系统的文档信息管理

信息系统的文档是描述系统从无到有整个发展与演变过程及各个状态的文字资料,是系统开发过程的记录,是系统维护人员的指南,是开发人员与用户交流的工具。规范的文档意味着系统是按照工程化、规范化开发的,意味着信息系统的质量在程序上有所保障。文档的欠缺、随意和不规范,极有可能导致原来的系统开发人员离职后,系统难以维护、难以升级,变成一个没有扩展性、没有生命力的系统。因此,系统的运营中,必须重视系统的文档信息管理。

（一）系统文档的种类

系统文档不是事先一次性形成的，它是在系统开发、运行与维护过程中不断地分阶段依次推进编写、修改、完善与积累而形成。系统文档有不同的分类方法，按照产生的频率可分为一次性文档和非一次性文档。

目前比较主流的分类是按照文档服务目的不同，分为技术文档、管理文档、标准类文档与记录文档等。

1. 技术文档

技术文档包括：分析阶段文档、设计阶段文档、实现阶段文档和运行与维护阶段文档。

1）分析阶段文档
- 可行性研究报告；
- 项目开发计划；
- 软件质量保证计划；
- 软件配置管理计划；
- 软件需求说明（需求分析说明书）；
- 数据要求说明书；
- 测试计划；
- 用户手册。

2）设计阶段文档
- 系统（子系统）说明；
- 数据库设计说明；
- 系统总体编码规范；
- 程序设计说明（详细设计说明）等。

3）实现阶段文档
- 操作手册；
- 测试分析报告；
- 源程式清单；
- 修改及确认的用户手册和操作手册；
- 项目开发总结报告。

4）运行与维护阶段文档
- 运行日志；
- 软件问题报告；
- 软件修改报告。

2. 管理文档

- 任务分解结构；

- 责任矩阵；
- 项目进度表；
- 资源清单；
- 任务清单；
- 任务分配表；
- 资源利用表；
- 开发进度月报。

3．标准类文档

- 国际标准（ISO9000 系列标准、CMM 模型、其他相关国际标准）；
- 国内相关标准及行业标准；
- 项目组自定编码规范；
- 其他类似标准的质量支持文件。

4．记录文档

记录文档包括相关记录性的单据和表格等，包括文档交付记录、文档变更修改记录、文档调阅流转记录、任务申请单、项目变更申请单、测试申请单、测试记录、运行记录、修改记录等。

（二）系统文档的管理

有序地、规范地开发与运行信息系统必须做好文档的管理。合理的系统文档的管理流程必须注意以下方面。

（1）文档管理的制度化、标准化。包括文档标准与格式规范的制定，明确文档的制定、修改和审核权限，制定文档管理制度，如文档的收存、保管与借用手续的办理等。

（2）维护文档的一致性。一旦需要对某一程序进行修改，要及时、准确地修改与之相对应的文档，否则将会引起系统开发工作的混乱。而这一过程又必须有相应的制度来保证。

（3）维护文档可追踪性。为保持文档一致性，所有文档都要收集齐，集中统一保管。

第三节　系统安全管理

管理信息系统是一个复杂的系统，通常由多种硬件、软件、协议、接口等组件构成，由于技术与设计上的不完善，往往存在漏洞和缺陷，这些漏洞或缺陷构成了信息系统脆弱性。当下网络技术的普及和发展，很大程度上促进了信息系统的推广，但另一方面也增加了信息系统安全管理的压力。这样的压力来自多方面，除了系统本身实施过程中出现的漏洞和缺陷外，也可能面临外来的非法攻击和破坏，包括黑客与病毒入侵，数据的截取、窜改与删除等。因此，在管理信息系统的实施中，安全管理是关系到系统后续运营稳定的重要工作。

一、系统安全管理的含义

系统的安全管理主要包含两方面的内容：即安全管理与保密管理。其中安全管理主要指软件安全、硬件安全、数据安全以及运行安全。而保密安全则主要指信息的泄露，前者从客观方面提出要求，后者主要指人事主体的主观管理。一般情况下，安全与保密管理互为因果关系，甚至是一体两面的，而二者主要面临的安全问题多有类似，比较常见的问题包括。

（1）非法入侵。主要指未获得授权的用户通过系统漏洞、管理漏洞或者权限漏洞等进入系统，通过设置或修改自身的系统权限，从而威胁到系统的数据安全和运行安全的情况。

（2）病毒植入。病毒通常是人为制造，并出于破坏或者盈利的目的进行传播扩散。入侵者通过邮件、下载软件等各种形式传播病毒、蠕虫、特洛伊木马等有害程序，对系统的正常工作进行破坏、窜改。

（3）操作问题。系统业务人员可能存在职业素质不一的情况，部分素质较低的人员可能会存在误操作或者存在网络安全意识薄弱的情况，甚至存在缺乏职业道德感的操作人员，利用职务之便通过泄露、破坏或倒卖系统数据获利的情况。

（4）外部损害。这类问题通常是由于自然原因或环境原因导致的计算机硬件的损坏。例如，机房环境的影响，如洪水、火灾、雷电、地震以及电磁波等，都会影响到系统设备、存储介质、电路设备、通信设备等，从而造成损失。

二、加强系统安全管理的制度对策

在管理信息系统的安全管理中，制度要求可以说是起到了至关重要的作用，其中包括法律制度建设、管理制度规定、制度宣传教育等。

（一）法律制度建设

法律制度的建设是从国家层面对管理信息系统的安全管理进行规范，是所有安全管理工作保障的源头。其主要形式包括了安全方针、政策、法令以及相关法律体系等。例如1997年3月修订的刑法中增加了3项关于计算机犯罪的罪名：非法侵入计算机信息系统罪、破坏计算机信息系统罪和利用计算机实施犯罪的提示性规定。计算机技术发展日新月异，速度远超传统行业，所以需要立法内容和范围与时俱进，及时有效地防止信息系统的安全犯罪的发生。

（二）管理制度规定

管理制度规定了管理信息系统从设备管理到操作流程等各方面的注意事项，可以说是系统安全管理的基础防线。一些具体的基础管理制度包括以下几方面。

- 建立相应的管理组织机构，负责制度的制定、监督和执行。
- 对系统场所的管理，设备的配备，进出人员的权限和要求，以及各项检查的规定，包括主机房、网络控制室、数据介质库房、终端室等。

- 系统操作注意事项和保密要求。
- 数据的管理和备份制度。
- 安全审计制度，针对用户访问和用户操作进行定期排查。
- 禁止事项规定。

（三）制度宣传教育

管理信息系统的安全教育宣传，除了面向专门从业人员外，也要面向广大的人民群众，使信息系统安全的理念和相关知识成为社会素养的一部分。当然，宣传教育的方式和内容应该因人而异。对于行业从业人员，应该深度学习信息系统安全管理技能、要求和注意事项等；同时还需要注重其职业道德的培养，避免出现高技能低道德的从业人员。而对于社会人员，则需要进行相关法律知识和基础制度的普及教育，以推广为主，帮助大众树立起信息系统安全的观念，以及明确信息系统犯罪的红线，同时能够对相应的安全问题产生警惕。

三、加强系统安全管理的技术对策

信息系统安全管理的技术对策是从计算机端口进行相关的技术设置，有针对性地对可能的安全问题进行防范和应对。其中比较常见的技术对策包括以下几种。

（一）"防火墙"技术

"防火墙"技术是一类安全软件的统称，这类软件会在内部网与公共访问网络间形成一个相对隔绝的保护层，只有获得相应授权的通信才能通过，从而防止了公共网络中的未经授权访问、非法入侵、病毒植入或下载等破坏行为。"防火墙"技术是当前应用最为广泛的网络安全技术之一。

（二）计算机安全加权技术

计算机安全加权是通过对用户、设备和数据文件授予不同级别的权限，以防止非法应用。其中用户权限是针对用户的合法级别进行权限赋予，不同的权限所能够调度的数据对象和操作是不同的。设备权限则对于设备的运行层级进行了限制，这里的层级决定了设备运行能不能进行一些关键的操作和数据的利用。而数据的权限则包括了数据的只读、读/写、打开、运行、删除、查找、修改等不同级别操作的权限规定。权限通过细化信息系统的操作对象和操作行为来更大限度地控制安全问题。

（三）病毒防护技术

电脑病毒的实体就是带有自我复制能力并有一定破坏能力的计算机程序，具有传染性、寄生性、潜伏性、可触发性和可衍生性。当前管理信息系统应对病毒主要选择专业的病毒查杀软件，这类软件基本具备的功能有：病毒过滤、病毒检测、病毒查杀、病毒数据库等功能。对于一般病毒都有较好的防护功能。

（四）入侵检测技术

入侵检测技术是近年出现的新型网络安全技术，目的是提供实时的入侵检测及采取相应的防护手段，如记录证据用于跟踪和恢复、断开网络连接等。入侵检测技术能够及时发现并报告系统中未授权或异常现象，并检测计算机网络中违反安全策略的行为。

（五）用户认证技术

用户认证技术是一种由计算机验证回答身份是否合法的保密技术。比较常用的包括：用户自行设置特殊信息（密码，口令等）；用户的专有物品（IC 卡、磁卡、钥匙等）；用户生理特征（指纹、脸部、声音等）；还有保密算法等方式。

（六）终端识别技术

终端识别技术可以对终端联机的用户身份和终端位置进行识别，如果出现非法地点的访问或联机行为，系统可以及时切断联络，并对非法访问者的地点、时间、电话号码进行记录，起到保护系统的作用。

第四节　系 统 评 价

管理信息系统的评价行为是在系统正式上线运行后，对其是否达到预期目标，是否满足了用户需求，对资源的利用情况以及管理工作的胜任程度等方面进行系统的评价，同时指出未来的改进和拓展方向。一般来说，新系统的第一次评价应该是在系统验收后第一时间展开，此后每隔半年或一年进行一次。

一、管理信息系统评价内容

管理信息系统的评价主要从技术和经济两个方面进行。

（1）技术评价。主要针对系统的性能内容，包括了功能方面、操作方面以及现有软硬件方面的评价。包括以下几方面内容：

- 系统整体水平，结构情况、网络规模等方面；
- 系统功能层次；
- 系统的服务质量；
- 系统保密措施；
- 系统的操作难易程度；
- 系统的输出及时性。

（2）经济评价。经济评价主要是指系统运行的效益情况，包括直接经济效益和间接经济效益。直接经济效益包括了系统的相关实施、运行费用，以及其运行带来的直接新增效益。而间接经济效益则包括了系统运行对于员工工作效率、企业形象、管理流程优化等方面做出的贡献。

除此之外，从系统建设、系统性能、系统应用角度进行系统评价也是常用的方法。其内容如图 8.9 所示。

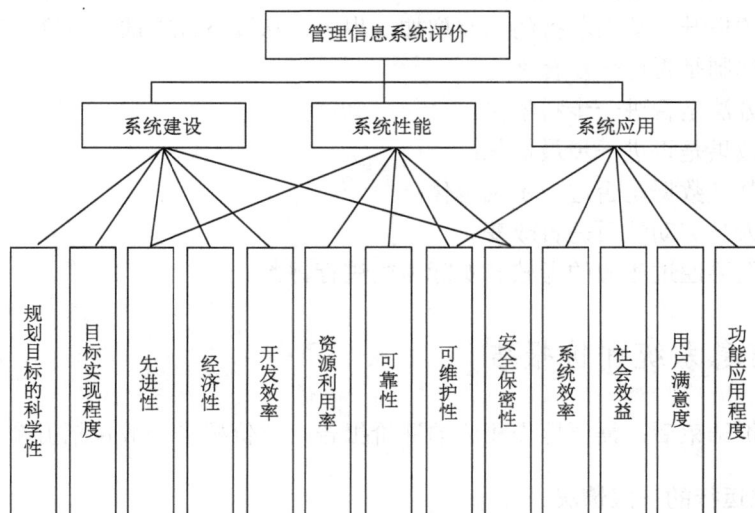

图 8.9　管理信息系统评价内容

二、管理信息系统评价指标

依据评价内容，一般的评价体系也从性能、直接经济效益、间接经济效益三个方面提出相应的评价指标。

（一）系统性能指标

系统性能指标包括以下几方面。

（1）系统响应时间和信息处理速度能否满足需求。

（2）人机交互的灵活性与便捷性能否满足需求。

（3）数据输出正确性能否保证。

（4）系统故障概率。

（5）系统结构与功能调整、改进及拓展难易程度。

（6）系统故障诊断、排除、恢复的难易程度。

（7）系统安全保密措施的完整性、规范性和有效性。

（8）系统文档资料的规范、完备与正确程度。

（二）直接经济效益指标

直接经济效益包括了系统开发费用、系统运行维护费用、系统收益、投资回报期，以及系统运行直接带来的产量增加、生产周期缩短、生产费用降低等效益。常用的指标有年利润增长额、年经济效益、系统投资效益系数、投资回收期等。

（三）间接经济效益指标

间接的经济效益又称为定性效益，主要是指办公业务流程、组织结构、运作方式及员工素质等方面的提升，从而获得的效益增加，也可以从以下几方面进行衡量：

（1）管理体制是否进一步合理化；

（2）管理方法是否进一步科学化；

（3）管理效果是否进一步最优化；

（4）管理基础数据是否进一步规范化；

（5）管理人员劳动性质是否改变。

这类指标需要通过相应的考核和实际考察进行评判。

三、管理信息系统评价报告

在系统评价结束后，需要提交相应的评价报告。评价报告一般包括五个方面的内容。

（一）系统运行的一般情况

对于系统正常运行的情况进行考核评价，主要针对系统目标和交互的完成情况，其中包括系统功能是否达到了功能设计的要求、用户付出的资源利用率是否达标、系统交互的完成度等。

（二）系统的使用效果

针对系统在使用过程中提供的服务效果进行评价，主要针对系统信息服务的有效性；其中包括用户对信息输出的满意度、信息输出的及时性、完整性、准确性等。

（三）系统的性能

系统的性能包括计算机资源的利用情况（主机运行时间的有效部分比例；数据传输与处理速度的匹配；外设利用率等），系统可靠性（平均故障时间、鲁棒性强度、故障恢复时间）以及系统的可扩展性和可移植性。

（四）系统的经济效益

经济效益的报告既可以按照上文中的分类，进行直接经济效益和间接经济效益的分析报告，也可以从宏观和微观的经济视角进行报告，或者只针对可视化的数据进行汇报，例如系统费用、收益、投资效益的汇总等。

（五）系统存在的问题及改进意见

每次的系统评价结束后，必须针对评价过程中出现的问题和用户意见进行整理分析，并形成有效可行的改进意见，以方便后期工作人员的维护和系统升级，也可以为其他系统的开发提供参考。

第五节　系统维护

系统维护是系统运行过程中非常重要的一环，这一环节与系统评价类似，从系统交付并投入运行后开始，贯穿了系统运行的整个过程。系统维护主要是对系统运行进行控制、记录以及对系统出现的问题进行及时的调整、修改，对后期系统进行完善和扩充。

一、系统维护的类型

系统维护的主要工作是软件的维护，所以可以划分为四个类型的维护。

（一）正确性维护

正确性维护是针对系统测试阶段没有发现，而在正式运行时暴露出来的问题。这类问题的发生原因比较多样，维护人员需要针对相应的问题进行诊断和修正，保持系统的正确性。

（二）适应性维护

适应性维护不是针对错误，而是针对实际运行中出现的新情况进行的更新维护，这种新情况既包括了使用单位外部环境的变化（法律法规、生产目标、竞争对手等），也包括了信息技术发展带来的技术变化（软硬件的升级换代、新设备的采用、操作系统的版本更替等）。维护人员需要根据这些变化调整对系统进行维护，使其适应变化。

（三）完整性维护

完整性维护是以扩展功能、改善性能为目标进行的维护行为。随着系统的运行，用户可能产生新的功能和性能需求，这些需求多数会涉及处理效率和编写程序的改进。系统维护人员根据用户的需求对系统的功能和性能进行改进和加强的过程就是完整性维护，完整性维护是系统维护中最常见的维护类型。

（四）预防性维护

除了用户提出的维护需求，系统维护人员也需要依据自身的专业知识，提前对系统未来可能的修改和调整进行预防性的维护，以提升其可靠性和可维护性，减少后期的维护工作量、维护时间和维护费用。

二、系统维护的内容

系统维护的内容主要包括如下方面。

（一）应用程序维护

应用程序维护主要针对程序运行环境和需求变化，导致的程序修改和维护需要，由于程序是系统运行的主体对象，所以应用程序维护是系统维护的主要工作内容。

（二）硬件维护

硬件包括了计算机主机以及相关的外围设备。硬件的维护包括突发性故障维护和定期检查维护，前者需要对于突发性的故障集中人力快速检修恢复；后者则需要按照设备维护规定，定期分配人员进行检修保养，如机器清洗、部件更换等。

（三）数据文件的维护

数据文件的维护包括数据备份、存储空间整理和数据库的保护与更新。其中数据备份需要定期备份，重要数据需要实时备份，而应用数据则需要进行记录；存储空间管理则需要对系统运行中产生的各种临时文件进行清理，减少空间浪费，提升系统运行效率；数据库的保护和更新则是要防止数据库文件被破坏、泄露和更改，另外针对实际业务和运行情况的变化，对数据库进行相应的更新，以提升其质量。

（四）代码维护

随着系统应用范围的扩大、应用环境的变化，系统中各种代码都需要进行一定程度的增加、修改、删除和重新编写。

三、系统维护的要求

系统维护通常会涉及干预系统的正常运行的修改活动，而修改后的系统也会受到一定程度的影响。因此，对于一个正常运行的系统而言，系统维护工作必须谨慎，管理部门应该做好协调组织。一般需要成立相应的维护组织或部门，并对于维护行为，制定严格的工作流程且贯彻落实。一般的系统维护流程包括以下几方面。

（1）提出申请。系统操作人员或业务领导对于某项工作提出申请，以书面报告或申请表的形式提交。

（2）领导批准。维护管理员接受维护申请后，对于维护要求进行评价，交由维护部门领导审批。领导根据实际情况进行调查确认，然后批复。

（3）任务分配。维护人员根据维护要求分配合适的工作人员，并制订维护计划和相关要求。

（4）验收成果。维护任务完成后，由维护部门和申请人验收成果，并留存维护档案，重新运行系统。

（5）登记维护情况。对于维护过程中的修改和变化进行明确的记录，以便日后查询归档。

维护流程可以依据维护的工作量进行适当的变化，但基础的流程必须严格遵循，遇到维护工程量巨大的维护工作时，需要按照小型的系统开发项目流程进行管理。

思考与练习题

简述题

1. 请简述系统切换的主要方式及其各自的优缺点。
2. 请简述系统运营管理的日常管理内容。
3. 请简述系统运营组织机构的主要形式。
4. 请简述系统安全管理中常见的问题及应对措施。
5. 请简述系统评价的指标内涵。
6. 请举例描述系统维护类型的各类情况。
7. 请简述系统维护工作的必要性。

案例分析题

案例 8-1

A 市计划建设电子政务系统，由于经费、政务应用成熟度、使用人员观念等多方面的原因，计划采用分阶段实施的策略来建设电子政务系统，先建设急需和重要部分。在安全建设方面，先投入一部分资金保障关键部门和关键信息的安全，之后在总结经验教训的基础上分两年逐步完善系统。

在一次电子政务系统安全方案讨论会上，张工认为由于政务网对于安全性要求比较高，所以要建设防火墙、入侵检测、病毒扫描、安全扫描、日志审计、网页防窃改、私自拨号检测系统，这样就可以全面保护电子政务系统的安全。李工则认为张工的方案不够全面，还应该在张工的方案基础上，使用 PKI 技术，进行认证、机密性、完整性和抗抵赖性保护。

案例讨论

1. 请从系统安全管理角度，对张工列举的安全技术进行简述，并分别陈述这些技术分别针对性地解决了哪些安全问题？
2. 请简述李工的建议在系统安全管理上有哪些优点。

第九章　管理信息系统应用

通过本书 1~8 章的学习，我们建立了管理信息系统的概念，了解了管理信息系统建设的必要性，掌握了管理信息系统建设的一般过程和方法。那么如何运用所掌握的理论知识解决现实社会中的问题呢？现实中我们接触到的管理信息系统是一个已经投入运行的产品，既不能呈现建设过程的特征，也无法介入进去理解其立项、开发的过程。所以，组织本章内容，作为管理信息系统理论知识的应用，编制一个开发并在使用的实际管理信息系统项目的建设案例，为读者提供感性认识，使读者尽早学会运用本书内容。

第一节　管理信息系统项目策划

管理信息系统项目的策划是使项目从无到有的一个过程，项目的产生首先是实际管理的需要，然后是人为的宣传引导和规划，我们称为策划，策划包含了规划，策划的结果具有不确定性，可能成功也可能失败，而规划具有确定性。

一、项目策划的必要性

项目不是天生躺在某个地方等你去发现和获取，而是靠人们策划、培育出来的。虽然管理信息系统在社会各行各业得到了广泛应用，但它毕竟还是一个比较宽泛的概念，很多人并不了解管理信息系统如何解决自己面临的问题，有时通过参观考察看到了一个很好的产品，但它的名字并不是直接称为管理信息系统，如小到医院、银行的排队系统、大学里的选课系统，大到防疫用的绿码通行管理系统、城市轨道交通运营管理系统。另一方面，掌握了管理信息系统知识的人都把注意力集中在如何开发一个系统产品，很少有策划的意识，认为这是领导或者销售部门的事情。下面从需求方和开发方角度论述管理信息系统项目策划的必要性。

作为需求方，策划项目是维持本单位可持续发展的有力手段，是组织部门或者个人创新能力的体现。随着环境的变化和本部门发展需要，有些系统逐渐老化，使用效率下降，有的高新技术产品显示强劲的生命力，会给本单位带来可观的经济效益，所以，除了日常的运营管理，有必要时刻考虑策划新项目，这个工作有的是在年度计划中安排，有的是放在未来一段时期，比如下一个五年计划内。

那到底由谁来组织这个策划工作呢？虽然一般的组织机构设置发展规划处（部），但项目立项还得靠人来推进。如果这个人是单位的主要领导，加上他具备管理信息系统的知识，按照管理信息系统建设的"一把手"参与原则，这个项目将会很顺利地得到建设。可大多情况下却不是这样的，领导和你身边大部分人都没有学习过管理信息系统，这个时候，你就应该树立责任意识，从本单位发展出发，主动建言，并提交一个项目建议书。曾经有一个学生，毕业后在某市人力资源部工作，当时他负责招聘人员的资料收集和归档工作，由于每天收到的应聘简历多、内容繁杂、不便于事后查阅，他自己根据用人单位需要，设计了几个求职简历模板，并向上级主管提出建立一个应聘人员档案管理系统，后来得到采纳，并由他来负责这个项目。结果可想而知，他负责建设的这个项目既方便了应聘者，又大大提高了全省其地区人力资源部的工作效率。

作为开发方，项目策划体现了销售者的市场把控能力，是市场营销的重要内容，是获得销售收益的知识服务过程。一个从事管理信息系统建设的企业，会通过网站和企业产品资料向客户宣传、推销产品。一个好的管理信息系统项目销售员既要具有敏锐的市场观察力，还要具备面对管理者的项目策划培育能力。这种能力集专业知识、沟通能力、耐心执着于一体。

策划项目的过程是一个"讲故事"的过程。在"普遍撒网、定点关注"基础上，再经过点对点的联络沟通，让客户对管理信息系统项目从陌生到熟悉，从关注到"可上可不上、最后必须上"，把项目写进规划报告。所谓"普遍撒网、定点关注"就是通过网站、各种行业交流大会发送广告资料，或者到潜在的目标客户单位上门宣讲，让客户知道有这样的项目能给自己带来社会效益和经济效益，对于有反馈、主动咨询的客户加以重点关注，进一步进行实地调研，和该单位领导经常沟通。如果有意向了，可以协助客户开展项目的考察调研、帮助编制项目规划书。

二、大学会议室管理系统策划

选择这个项目作为管理信息系统应用案例出于几点考虑：一是它是一个管理信息系统，符合管理信息系统的所有特征；二是项目规模不大、结构不复杂，非常适合作为应用案例；三是场景和问题贴近大学生生活、学习现实，便于学习者理解和借鉴。

（一）项目背景

随着国家高质量教育体系建设的推进，各大学出台了提高人才培养质量的系列举措，同时信息化手段的运用也对大学生学习方式和效果产生重大影响。现在大学很多教学楼和图书馆都设置了类似于小型会议室的空间，用于十几个人的团队讨论和交流，如导师指导的研究生团队、课程学习中的学习小组、科研项目团队、教师的教研室活动等。与实验室、教室不同的是，这类空间的环境设备配置都十分齐全，除了桌椅外，像投影仪、无线网络、视频录制设备、交互式白板等应有尽有，在管理上非常灵活，不受教务处或者学院教学计划的排课限制，可以随时借用，并从早上使用到晚上，空间资源利用率非常高，深受师生的喜爱。很多大学的图书馆设置了这样的公共空间，只是叫法不同，如自主学习室、创客工作坊等。以下均称为会议室，且属于学院管理范围内的会议室。

这类会议室随着使用人数的增加，出现以下问题：对于使用者，不知道每个会议室的座位数量和设备配置是否适合本组使用；需要使用的时候，发现会议室总是有人，而实际上在某些时段存在闲置现象；对于管理者而言，不知道会议室的利用率，会议室设备的损坏或者丢失责任界限不清，会议室的临时协调存在困难等。

（二）项目策划

项目策划是一个管理问题，管理的对象是空间资源，可以用管理信息系统很好地解决。建设这个项目需要项目建设经费和相关的管理制度。作为需求方，要坚持先有预算再执行的办事原则，要在年度预算中做好资金计划和人员安排。为此要进行项目调研，如哪些学校已经有了会议室管理系统，使用情况如何，还存在什么问题。有哪些企业提供会议室管理系统产品，是自己开发还是联合开发，会议室管理系统的软件和硬件有什么要求，配置是怎样的，所需要的经费是多少，等等。作为开发方，这个产品是否具有普遍推广价值，作为子系统如何嵌入到其他的应用系统中去，如何给这个产品命名等。

一旦确定要实施会议室管理系统项目，就要准备编制项目规划书。本案例项目不大，看起来用不着做规划，但这是项目建设的必要环节，必须要有。以下的规划只列出主要内容。

（三）会议室管理系统规划报告

1. 项目规划的任务、目标

本项目的体系结构为依托会议室看板和门禁设备、校园网络等硬件，配置专门的管理软件和支持各移动终端的客户端 App 软件。采用先开发软件，后购置、安装硬件设备的顺序进行。

项目建设目标是，提高会议室使用效率，为师生教学和科学研究提供方便。

2. 项目的主要功能

项目的主要功能包括以下几方面。
（1）会议室配置浏览。
（2）会议室预约。
（3）会议室管理授权。
（4）会议室使用情况统计。

3. 主要数据类型

主要数据类型包括以下几方面。
（1）会议室描述。
（2）设备状态数据。
（3）用户数据。
（4）使用情况数据。

4. 项目规划报告

规划报告编制好后，请专家予以论证，通过后报送上级主管部门审批，后面就可以执行了。规划报告目录如下。
第一章 项目背景
第二章 会议室管理系统建设目标、原则

第二节　会议室管理信息系统需求分析

规划阶段回答了为什么要建设会议室管理信息系统的问题，在规划报告中也进行了可行性分析，也就是第五章中的系统分析部分的工作。在需求分析阶段要明确"做什么"的问题，即会议室管理系统到底能做些什么，需要了解哪些具体情况，准备提供哪些资料文件。有人会问，这些不是在规划报告中写出来了吗？确实是这样，但规划报告中是为了回答"为什么做"这个问题来写的，是针对立项而做的说明，描述的是一个概念系统，是一个蓝图，并没有明确说明项目要具体做些什么。

会议室管理信息系统需求分析需要完成的工作内容有：①详细调查建设单位组织结构和人员分工、会议室资源情况、会议室用户情况、原有的会议室使用流程、相关使用记录等；②分析待建系统的业务流程、数据流程应该是怎样的；③分析待建系统的功能，划分子系统；④进行待建系统的数据存储、查询、输入输出等分析。

一、详细调研

涉及会议室管理系统的某学院组织结构如图 9.1 所示（部分）。一般情况下由办公室负责系统的管理，相关机构查看资源使用情况。

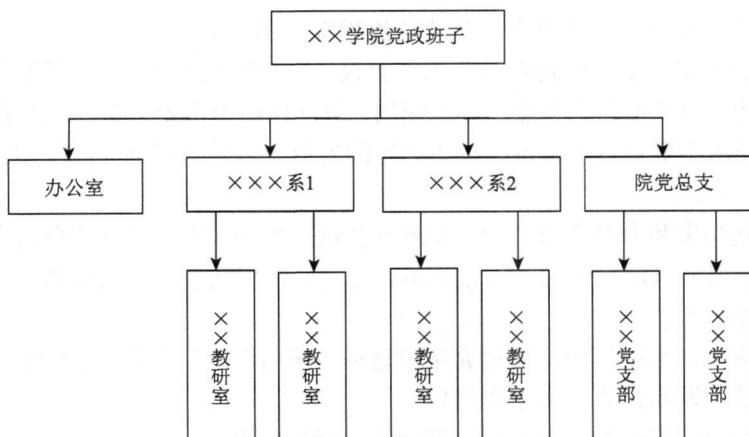

图 9.1　某学院组织结构图

组织结构图并没有完全按照实际管理层次来呈现。按照管理需要，这些部门可以查看本部门师生使用会议室的情况。

系统角色和用例如图 9.2 所示。主要使用的人员类型有三种。一是普通用户，涵盖学院全体师生和管理者。这类用户的用例是会议室查阅、预约使用。在系统上反映出来的就是个体用户，如学院领导班子会议由办公室预约，导师召开研究生会议，往往会指派一个研究生去预约，本科生课程学习小组、学院学生会、党支部活动等也是如此。二是系统管理员，其用例是分配用户权限、分配会议室资源使用权限，查看资源使用情况，上传和下载系统数据等数据维护。三是部门管理员，只有会议室使用统计查看用例。系统管理员和其他两个角色的关系是泛化关系。

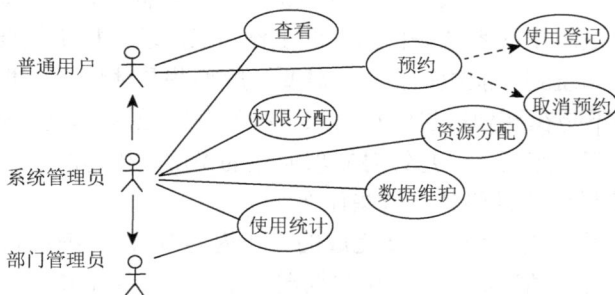

图 9.2　会议室管理系统登录用例图

二、业务流程和数据流程

（一）业务流程

1. 会议室管理

会议室管理由办公室主任负责，其业务流程图如图 9.3 所示。

除了少数会议室用于学院定期召开工作会议（如党政联席会）外，其他会议室都可以由本院师生使用，约束条件是不能一个人使用，所以预约申请表中需要填写使用的人数和事项。预约及使用不需要人工批准，按照"先约先得"的排队机制分配使用，形成制度交管理员执行。

管理员根据制度和办公会议情况，设置各会议室使用策略，如有的会议室在某个时段不能预约，哪些用户只能预约哪类会议室等，总之，在提高会议室使用效率前提下，保证预约使用的有序进行。

会议室设备维护是根据用户使用完毕发送的"使用意见"信息，了解哪些设备不能正常使用，需要及时发布公告，并予以维修。

对会议室使用情况进行统计分析，便于优化运行策略。

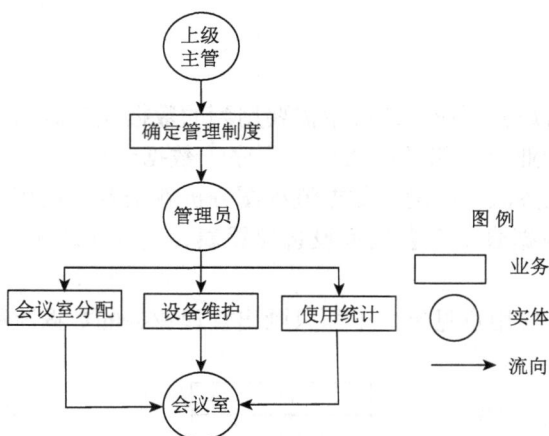

图 9.3　会议室管理业务流程

2. 会议室预约使用

系统用户授权后可以通过预约使用会议室，该业务流程如图 9.4 所示。

用户通过 App 进入会议室管理系统用户界面，开始各项操作。

查看会议室基本情况。浏览各会议室基本信息，看是否满足会议小组要求，如座位数量、投影设备、空闲时段等。

预约会议室。填写使用人数、会议主题、使用时间等基本信息，系统默认预约一次使用时间为两小时，和校历课表时间同步。预约成功后会有反馈提示消息。

取消预约。如果因故不需要使用，可以取消。

反馈信息。使用完成后，需要填报"使用意见"反馈表，报告会议设备是否正常，以便进行维护，也方便告知后面的用户选用。

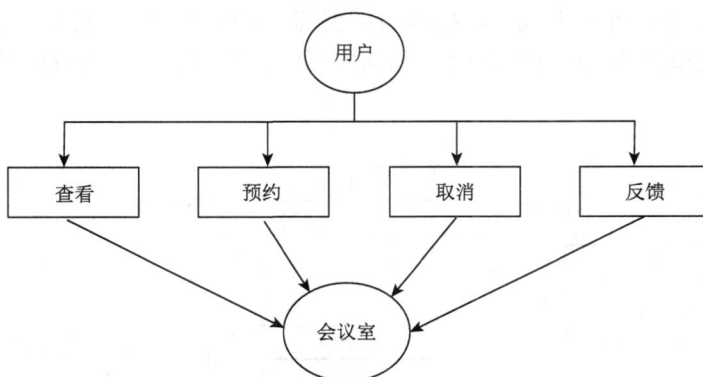

图 9.4　会议室预约使用业务流程

限于篇幅，其他流程省略。

（二）数据流程图

数据流程图描述的是各项业务流程中需要用到的数据及其流向，是软件设计又一个主要内容。在软件工程专业有一句话：软件 = 程序 + 数据结构，程序作用的对象是数据，在这里，程序是解决业务流程问题，数据流程图分析就是要解决程序的作用对象问题。

管理业务流程的数据表单有会议室设备配置表、设备状态表、维护记录表、使用记录表。

预约业务流程中有使用意见单。下面只画出管理业务的数据流程图，如图 9.5 所示。

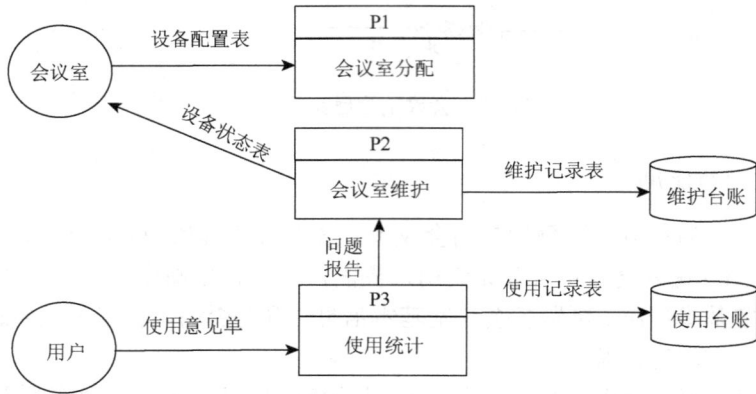

图 9.5　管理数据流程图

会议室分配根据其设备配置表和会议室开放使用管理制度（图中未呈现）设置预约使用策略。"使用统计"对用户使用完毕填写的使用意见单进行处理，生成使用记录表计入使用台账保存，同时把问题报告单发送给"会议室维护"。"会议室维护"根据问题报告单核查会议室情况，如哪个设备损坏、损坏的原因等，生成该会议室的设备状态表，让预约用户知晓。问题处理后生成维护记录表存于维护台账。会议室维护处理的第二层数据流程如图 9.6 所示。

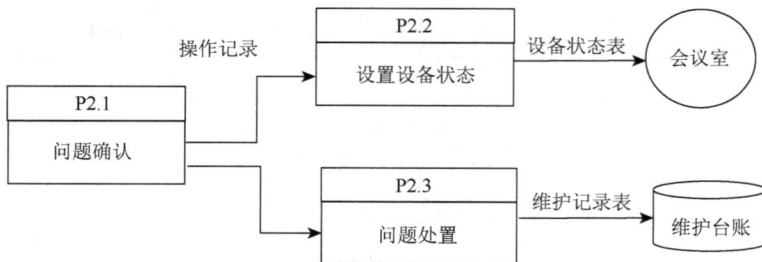

图 9.6　会议室维护处理的第二层数据流程图

（三）数据字典

这里只对数据流程中的部分项目举例编写。

1. 数据项定义

表 9.1　四个数据项定义

数据项编号	I01-01	I01-02	I02-01	I02-02
数据项名称	会议室编号	用户编号	设备编号	设备状态
简述	会议室代码	用户代码	会议室设备	设备是否能正常使用
类型及位数	整型数，2 位	整型数，4 位	整型数，2 位	逻辑型
取值范围	00-99	0000-9999	00-99	0-可用，1-不可用

表 9.1 定义了会议室编号、用户编号、设备编号和设备状态四个数据项。

2. 数据结构定义

国产预约单的数据结构如表 9.2 所示。

数据结构编号：DS02-01。

数据结构名称：用户预约单。

简述：用户所填用户情况及预约会议室等信息。

数据结构组成：DS02-01 + DS02-02 + DS02-03。

表 9.2　用户预约单的数据结构

DS02-01：用户预约单		
DS02-01 会议室	DS02-02：用户信息	DS02-03：预约要求
I01-01：会议室编号	I1：用户编号	I03-01：使用人数
I02-01：设备编号	I2：用户名称	I03-02：使用时间
I02-02：设备状态	I3：用户 ID	I03-03：用途
	I4：用户电话	

3. 数据流定义

数据流编号：DS04-01。

数据流名称：使用意见单。

简述：用户使用会议室后填写使用情况，是否有设备出问题不能使用。

数据流来源：预约用户。

数据流去向：使用统计处理模块。

数据流组成：用户预约单 + 描述信息。

数据流量：每使用一次提交一次。

高峰流量：会议室数量×最大预约次数。

4. 处理逻辑定义

处理逻辑编号：P02-02。

处理逻辑名称：设置设备状态。

简述：设置会议室设备可用和非可用状态。

输入的数据流：问题报告单，由使用统计处理发来。

处理：根据问题报告单描述的情况，实地检查该会议室设备情况，确认设备是丢失或者损坏，如果不能使用，立即设置会议室设备状态表，再报备维修或添置。本问题解决后做好台账记录并保存。

输出的数据流：设备状态表去会议室，维护记录表去维护台账存储单元。

处理频率：不确定。

此外，还有外部实体定义、数据存储定义等。

三、系统功能划分

通过对业务流程和数据流程的系统分析，解决用户对会议室使用情况不清楚、会议室使用效率不高的问题，需要具备下述基本功能。

对使用会议室的普通用户而言有：

- 会议室浏览；
- 会议室预约；
- 使用意见。

对系统管理员：

- 设置会议室可否开放预约；
- 设置会议室设备状态；
- 会议室使用情况查看；
- 系统数据备份。

对于部门管理员：

- 会议室使用维护情况。

会议室管理系统的基本功能划分如图 9.7 所示。

以上只是列出了功能名称，并未详细展开说明，实际开发中需要对每项功能做详细说明，包括为什么需要设置这个功能，这个功能的作用、实现这个功能需要具备的条件等。描述得越详细，就越有利于后面的设计。

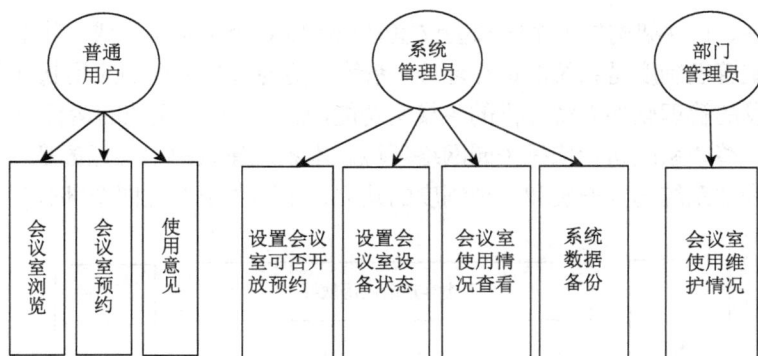

图 9.7 系统的基本功能划分

四、编写需求说明书

以下给出本系统需求说明书的目录，不详细展开。

- 系统简介；
- 系统说明；
- 软件规格说明；
- 验收标准。

系统分析是一项十分重要的工作，也非常细致、烦琐，需要花费时间和精力把它做好。这个环节花的时间越多，后面的开发就越容易，且软件的质量越高。

第三节 管理信息系统方案设计

需求分析解决了"做什么"的问题，本节设计环节则要回答"怎么做"的问题，即以需求报告为依据，为实现报告中的需求，系统应该由哪些部件组成，它们之间是什么关系，应该具备哪些功能，选择什么样的设备和技术，如何制定输入和输出方案等。设计的过程往往是分层进行的，先进行概要设计（又叫总体设计），再展开详细设计。

一、概要设计

从需求分析得知，会议室管理系统的建设要解决两方面的信息不确定性：一是会议室使用者对各会议室状态和使用信息的不确定性；二是学院管理者不了解会议室使用情况，包括会议室利用率、会议室设备的维护情况。最终目的是提高会议室使用效率，为师生教学和科学研究提供方便。本着有效性、实用性、先进性、可操作性等原则，对系统总体结构、子系统构成、管理系统功能模块和信息系统流程图四个方面进行设计。

（一）系统总体结构

图 9.8 显示系统总体结构，系统由校园网、物理系统、管理软件系统 + 数据库、各类

客户端应用软件、软件架构技术系统和会议室管理制度 6 个子系统构成。其中，软件架构技术系统和会议室管理制度是系统的运行环境，系统功能通过最上层的应用软件实现，应用软件调用专门开发的管理软件系统提供的各模块功能，而管理软件系统的运行由门禁机等物理系统提供支持，整个系统运行依托校园网络环境。本系统建设的中心任务是 App 开发、管理软件开发、物理系统购置安装和管理制度的建立，下面主要对这四个部分加以阐述。

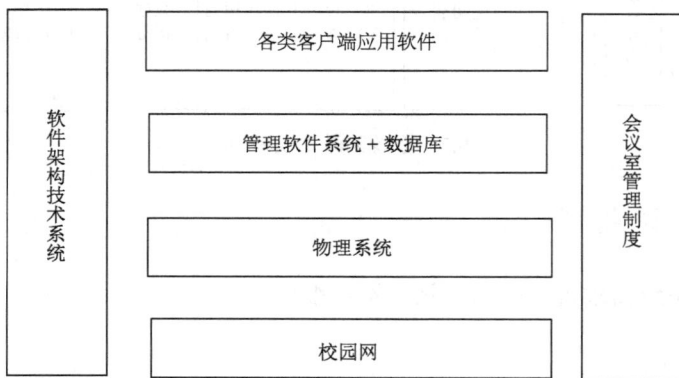

图 9.8　系统总体结构

（二）子系统构成

1. 物理系统模块结构

会议室管理系统物理系统主要由门禁主机、电控锁、门禁控制机和服务器等构成。如图 9.9 所示。每一个会议室配一套门禁主机、一把电控锁以及一个室内开门按钮（图中未画出）。门禁主机可以选择同时有 RFID 卡、人脸识别、指纹识别等多种身份识别功能的。所有门禁机都和门禁控制器联结，一台门禁控制器可以管理多台门禁机。门禁控制器和服务器相连。

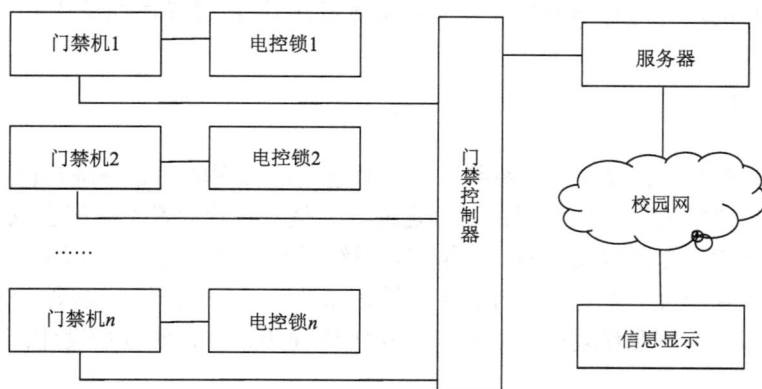

图 9.9　会议室管理系统的物理系统构成

服务器上安装管理软件和数据库,接收门禁控制器发来的信息,并传输会议室使用预约信息和正在使用信息到信息显示屏。

在详细设计中,将对每个设备的配置、功能、性能等进行详细说明。

2. 管理软件系统模块及技术架构选型

管理软件系统模块主要由服务端程序代码、客户端程序和数据库三个部分构成,如图 9.10 所示。

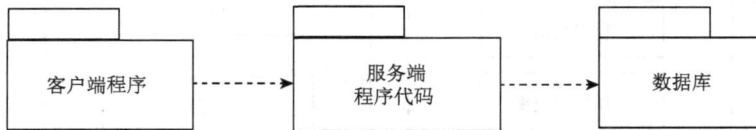

图 9.10　管理软件系统模块

客户端 App 是安装在手机等移动设备上的应用软件,在设计时要考虑不同的手机操作系统。在 PC 机或者手机上也可用第三方浏览器。服务器程序代码是一组安装在服务器上的软件包,在详细设计中要对实现的功能、函数名、参数及其调用做设计。数据库对系统的各种数据表、实体、关系进行设计。

根据本系统规模,其技术架构采用 Apache + PHP + MySQL 组合。由客户端模块和服务器模块组成。如图 9.11 所示。

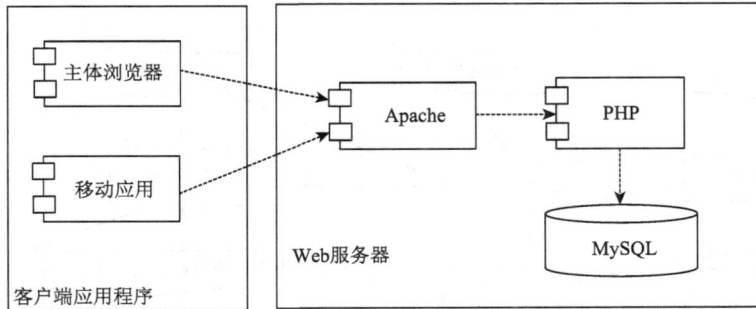

图 9.11　管理软件系统技术架构

(三) 管理系统功能模块

按照图 9.7 系统的基本功能划分,既可以用原来的层次结构图来描述,也可以用其他方式描述。图 9.12 采用 B/S 软件用户角色来描述。可对各功能进行简要介绍。

1. 注册登录

全院师生为使用本系统各功能,在系统中先注册,再登录系统进行下一步操作。

2. 会议室查看

浏览可供使用的会议室基本信息,如容纳人数、设备配置、环境图片等,以确定是否预约。

其他功能描述略。

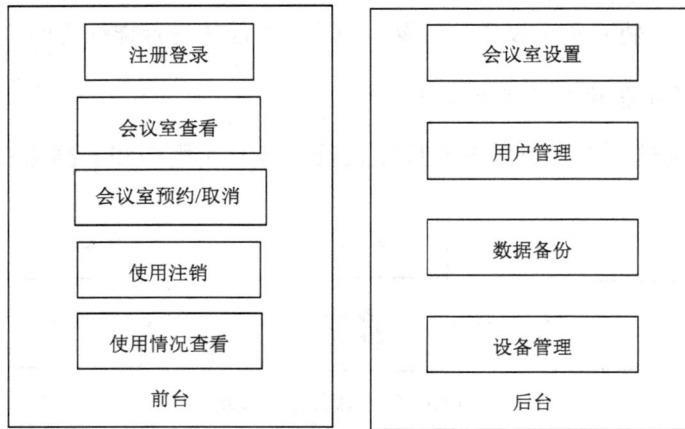

图 9.12　管理软件功能模块

（四）信息系统流程图

对图 9.12 中的各功能，通过数据关系建立它们之间的实现关系，以便软件系统来实现。

图 9.13 中，使用的功能模块有 11 个，其中预约处理是内嵌功能，问题处置是设备管理的子功能。

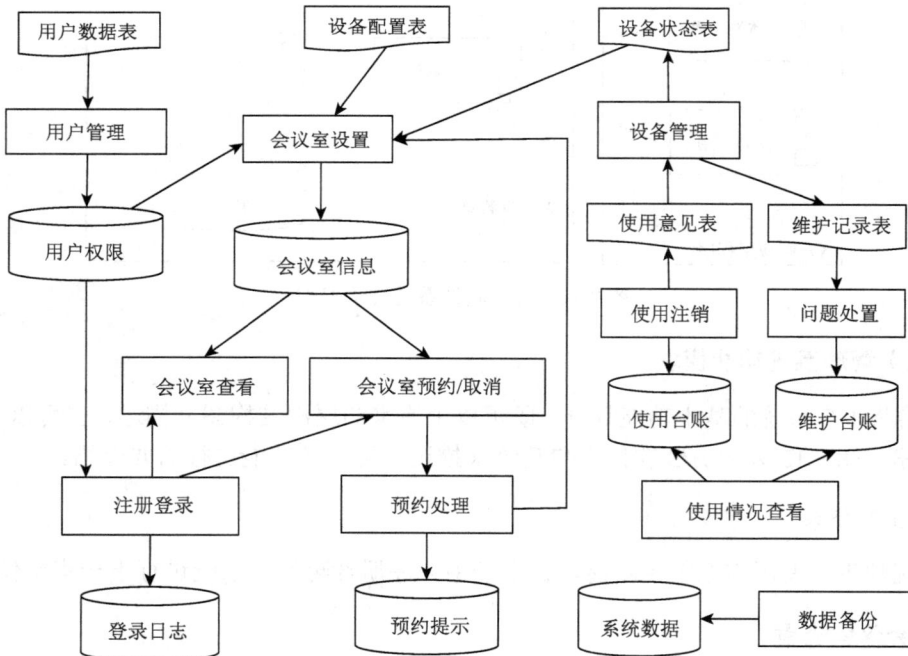

图 9.13　管理系统信息流程图

提供的表有：设备配置表、用户数据表。

通过处理生成的数据表有：使用意见表、设备状态表、维护记录表。

产生的文件有：登录日志、维护台账、使用台账、会议室信息、包含在数据备份和预约提示中的预约提示信息。

含有全院师生信息的用户数据表通过用户管理功能审核并进行权限分配生成用户权限文件，分别供注册登录比对验证和会议室设置。

会议室设置功能根据设备配置表、预约处理结果和用户权限文件设置会议室对公众开放状态，生成会议室信息文件，供登录用户查看和会议室预约。其中初始值由系统管理员设置，运行时，其状态由预约处理刷新。会议预约后，内嵌的预约处理程序认定预约有效，生成预约成功提示信息反馈给用户，并定时提醒用户前往使用。

用户使用完会议室后，需要进行"使用注销"功能操作，该功能作用包括：对使用中各设备状态情况进行报告，填写"使用意见表"，以便维修；产生使用记录数据形成使用台账文件。

设备管理功能针对会议室的设备进行操作，收到用户的使用意见单后，核实实际情况，生成设备状态表供会议室设置功能更新，以便用户知晓，同时生成设备维护记录表，交设备问题处置，维修后生成维护台账。

以上是围绕功能模块，分析每个功能需要用到的数据表（单）以及产生的数据文件，再根据数据流向设计功能模块之间的关系。这个分析设计过程是非常复杂烦琐的，但作用非常大，在这个过程中会把整个系统的信息处理机制整理得非常清楚，甚至还可以发现功能设计的缺陷，有时还会对后面的详细设计提供启发。

二、详细设计

详细设计是对概述中的每一个子系统进行进一步的设计，为实施提供详细的技术说明。按照本书第六章，详细设计包括代码设计、数据库设计、处理流程设计、输出和输入设计、系统物理配置方案设计和系统设计报告撰写等。

这里介绍注册登录和预约处理流程设计。

（一）注册登录处理流程

1. 功能阐释

本功能具有代表性，也是一般软件的基本功能，其处理流程图如 9.14 所示。系统用户通过本功能登录系统，实现对系统各功能的操作。

2. 功能分解

1）注册 Register（）

本功能面向系统新用户，通过手机号（userTel）、用户密码（userPwd）和验证码（veriCode）进行注册，注册成功即为系统用户。函数表如表 9.3 所示。

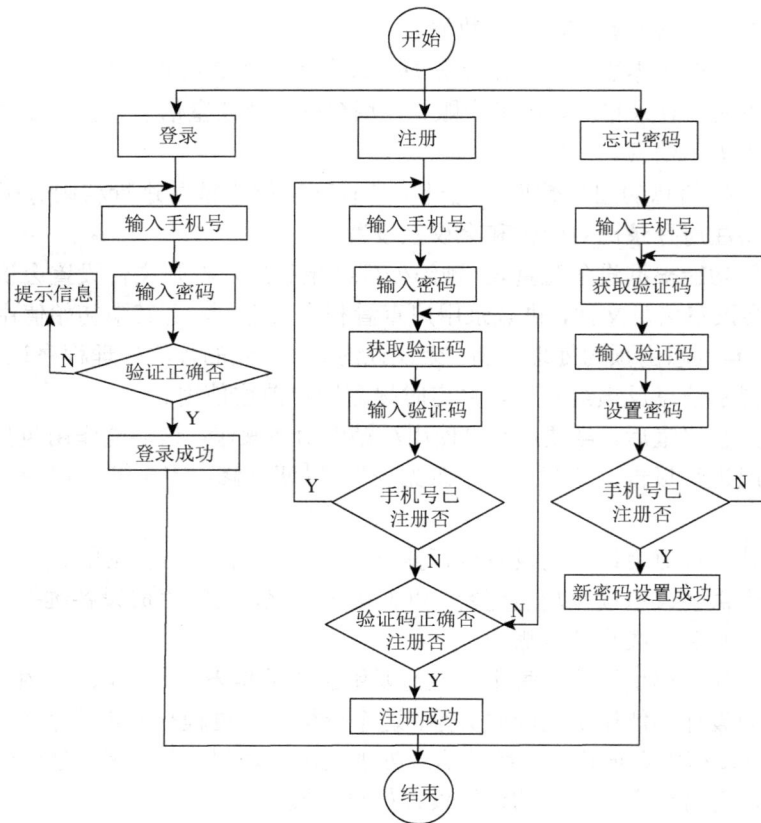

图 9.14　注册登录处理流程图

表 9.3　注册函数

原型	Register（userTel userPwd veriCode）
描述	注册
输入参数	userTel，userPwd，veriCode
例外	无
返回	0，1

2）登录 Login（）

已注册用户输入手机号和密码登录。函数表如表 9.4 所示。

表 9.4　注册函数

原型	Login（userTel userPwd）
描述	登录
输入参数	userTel，userPwd
例外	无
返回	0，1

3）忘记密码 PW_Reset（）

如果用户忘记密码，通过本功能重新设置密码。函数表如表 9.5 所示。

表 9.5　重置密码函数

原型	PW_Reset（userTel veriCode）
描述	重置密码
输入参数	userTel，veriCode
例外	无
返回	0，1

（二）预约处理流程

1. 功能阐释

预约处理响应预约请求，并设置会议室状态，同时发送预约提示信息给该用户。其时序图如图 9.15 所示。

用户发送会议室预约请求消息含有会议室编号（roomID）和使用的时间（time）两个参数，函数 Room_Set 将相应的会议室状态设置成不可用，表示已经被预约。如果用户取消预约，则设置成可用状态。同时向该用户发送预约"成功"或"已取消"消息。

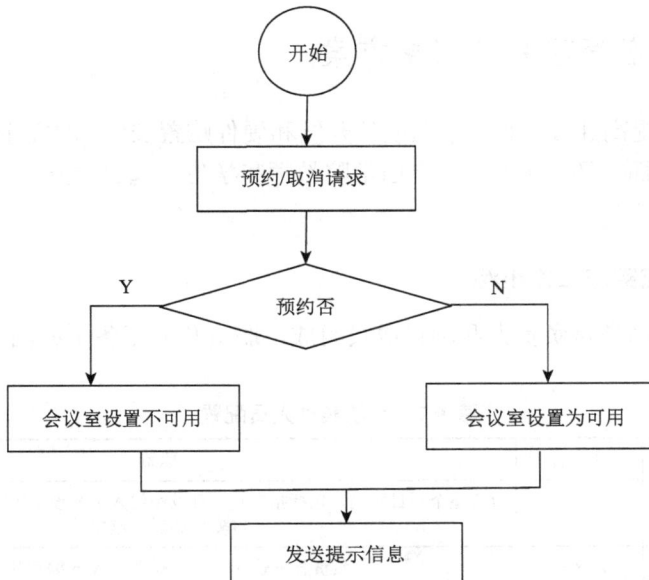

图 9.15　预约处理流程图

2. 功能函数

预约处理功能函数如表 9.6 所示。

表 9.6　预约处理功能函数表

原型	Room_Set（roomID time）
描述	设置会议室预约状态
输入参数	roomID，time
例外	无
返回	0，1

除了对以上各种功能进行功能说明、流程设计、函数原型设计外，还有函数测试、功能调试等文字说明。通过详细设计报告，在系统实施阶段，程序员可以直接编写代码来实现该功能。因为详细设计文档描述非常清楚，没有歧义性，程序员不必跟设计者沟通交流，编写代码效率高。因此，一个详细设计报告好不好，可以从报告的可读性、可理解性、无歧义性等方面来衡量。

设计工作的最终成果是系统设计报告，编制好后上交评审通过。

第四节　管理信息系统实施

实施会议室管理系统的任务是按照设计方案建成一个物理系统。工作内容如下：管理软件开发、安装调试，硬件设备采购、验收和安装调试，人员培训和试运行。

一、制定会议室管理系统实施方案

为节约时间、提高建设效率，采用软件开发和硬件购置安装同时进行的实施策略，考虑到该类软件在市面上还不多见，决定由学院教师和学生一起自主开发，硬件设备采用招标采购方式购买。

（一）成立系统实施工作小组

实施工作小组由项目负责人和项目成员组成，职责和分工各不相同，如表 9.7 所示。

表 9.7　系统实施人员配置

岗位	姓名	职责
项目实施总负责人（项目经理）	×××	负责整个项目实施，包括指定软件开发小组人员和设备采购人员，经费使用，进度安排和过程监督等
软件开发小组组长	×××	负责管理软件开发，程序与 App 编写和调试
成员 1	×××	数据库设计
硬件设备采购组长	×××	负责设备采购和安装
成员 1	×××	招投标联络，设备验收、入库和分发

项目实施总负责人按照设计方案和人员技术水平和责任心、学院经费等条件，选拔成员、指定小组长，明确分工和整个项目进度，在项目实施中进行协调。要求既懂相关技术和实践经验，又具有管理能力。

（二）制定实施工作进度

根据软件开发工作量、软件和硬件联机调试需要和设备招标采购流程，制定工作进度表，如图 9.16 所示。

任务	第1周	第2周	第3周	第4周	第5周	第6周	第7周
设备采购	████	████	████				
设备安装调试					████	████	
软件开发	████	████	████				
软件调试				████	████	████	
软件安装测试							████

图 9.16　实施进度

硬件设备是整个系统的物质基础，软件需要依托它运行，因为采购招标需要发布公告、投标、评标、公示、签约等法定环节，耗费的时间很长（可参考政府招投标采购相关资料），且不受自己单位控制，如果一次招标失败（流标），还要举行第二次招标。在实际工作中，该任务可提前开始。

每项任务的时间根据工作强度、人员数量来安排，案例中是按周为时间单位，整个项目在两个月内完成。不同的项目根据需要可以按照月、工作日来作计时单位。

二、硬件设备采购、安装调试

系统主要设备如表 9.8 所示。按照采购招标要求，招标书上要明确设备参数、数量、设备安装要求，工期、验收标准、维修保养期限等，以便供应商响应和评标。

表 9.8　会议室管理系统设备清单

编号	品名	单位	数量	主要参数
1	门禁机和控制器	套	12	带指纹、键盘和 RFID 感应识别
2	信息显示屏	个	12	17 英寸
3	电控门锁套件	套	12	维持停电 24 小时工作
4	服务器	台	1	主流配置，数据存储容量 2TB
5	UPS 电源	台	1	1000kV·A
6	配套线材、接头	批	1	各种电缆、接插头等

本系统设备费用不大，如果把软件装在已有的服务器上，还可以降低费用，达不到招标要求，可以直接购买。

对于规模很大、工期较长的项目，系统所需的设备器材种类和数量多，到达现场后要进行验收入库，建设方还要准备一间临时仓库存放货物。在设备安装时由施工方领用。

设备安装完毕，进行硬件系统调试。调试项目有：门禁机基本功能测试、门禁机和门锁的联动测试、门禁机和服务器之间的数据通信。保证管理软件安装之前所有硬件处于联通待工状态。

三、软件安装、调试

把测试好的管理软件、数据库以及配套的插件等安装到服务器上，设置相关参数，把不同操作系统的 App 程序上传到服务器供用户下载安装。调试的主要内容有。

（一）联通式调试

每个会议室门禁机能读写系统数据库，各种 App 能读写数据库，各信息显示屏能实时显示相关状态信息。

（二）控制性调试

软件设置的各种功能对相关设备进行控制。如对会议室开放预约进行设置，能分配、设置用户权限，设备状态实时监控等。

（三）安全性调试

测试用户访问权限，登录校验，数据备份，系统数据查看。

四、人员培训和试运行

编制系统使用操作说明书放到网上供用户阅览。

对本项目系统管理员进行培训，培训内容有用户权限分配，会议室资源开放设置，数据添加、修改、备份，数据统计，系统启动和关闭。

对学生进行系统预约操作进行演示，以及常见问题的处理。

对部门管理者进行会议室资源使用情况查看操作培训。

培训工作结束，进入系统试运行阶段，目的是通过用户的实际使用，验证系统设计性能是否达到要求，发现系统中存在的问题，并及时反馈修改，优化系统性能。

第五节　管理信息系统运营

一、系统切换

原有的会议室管理是人工方式，临时申请。新系统经过一段时间的使用，可以平稳运行，采用直接切换的方式，宣布新系统上线使用。

具体做法是，提前一个月在学院网站和 App 公众号上发布通知，告知会议室管理系统正式上线的时间、使用方法等信息。因系统较小，并未举行上线仪式，如果系统较大，举行仪式是很有必要的。

二、日常运行

管理系统由办公室主任管理，首先需要做的工作是制定岗位工作规程，然后进行分工。对系统进行操作的内容有。

（1）查看会议室运行状况。

（2）查看用户提交的"使用意见"，看是否存在设备故障。

（3）发布会议室设备故障消息，告知预约用户。

（4）对设备进行维修处置，并做好记录。

（5）会议室用户交接使用过程中冲突的处置。

（6）系统数据和日志备份。

（7）定期修改会议室开放策略，并做好记录。

第六节　结　束　语

本书前八章系统介绍了管理信息系统的相关知识，内容比较全面，涉及的概念、技术、工具很多，是我们建设和使用一个管理信息系统的基本遵循。这并不是说任何一个管理信息系统建设都要面面俱到，在实际工作中，我们要本着实事求是的原则，针对工作需要，有选择、有重点地加以选用。有的是只做规划，有的是专门做需求分析，或者系统设计。

本章介绍的管理信息系统应用案例比较简单，但按照系统生命周期运用了本书介绍的基本过程，强调了每个环节文档的内容，其中有的图例应用了 UML 工具，有的是自己设计的图例，其目的只是说明，在系统建设过程中文档的重要性，在编制文档时只要把问题描述清楚，采用大家熟悉的、直观的图、表等来描述都是值得肯定的。

思考与练习题

1. 你认为规划一个项目对主要发起者有何要求？

2. 需求分析需要用到的软件工具有哪些？

3. 业务流程图和数据流程的画法有几种方式，是否可以按照自己意图来画？

4. 你是如何理解设计的？你觉得设计者应该具备什么样的能力和素质？

5. 设备采购招标有何好处和弊端？

6. 开发一个成熟的软件需要哪些文档？

7. 查找国家或者企业的软件开发技术文档规范标准，并加以比较分析。

参 考 文 献

丁建楠，赵永翼，2018. 高校资产管理信息系统安全传输的应用研究. 科技资讯，16（36）：37，39.

段爱玲，张红梅，2009. 管理信息系统. 2 版. 北京：机械工业出版社.

葛世伦，尹隽，2014. 信息系统运行与维护. 2 版. 北京：电子工业出版社.

韩岩，李晓，2014. 用 Fluent 与 MongoDB 构建高效海量日志采集系统. 中国新技术新产品（12）：31-33.

黄梯云，李一军，2016. 管理信息系统. 6 版. 北京：高等教育出版社.

黎连业，吕小刚，王华，等，2011. 计算机管理信息系统设计与实施. 北京：中国财政经济出版社.

李永奎，2007. 建设工程生命周期信息管理（BLM）的理论与实现方法研究：组织、过程、信息与系统集成. 上海：同济大学.

刘军，牟世超，2015. 管理信息系统. 北京：清华大学出版社.

陆泉，张良韬，2017. 处理流程视角下的大数据技术发展现状与趋势. 信息资源管理学报，7（4）：17-28.

罗启强，2016. 基于 PHP＋MySQL 的高校教务管理系统的设计与实现. 长春：吉林大学.

苗东升，2006. 系统科学精要. 北京：中国人民大学出版社.

慕静，2010. 管理信息系统开发方法、工具与应用. 北京：清华大学出版社.

王农跃，梁新弘，2007. 从 Nolan 阶段理论看我国企业 IT 成长的关键因素. 科技管理研究，26（1）：85-87.

王玉珍，2014. 管理信息系统理论与实践. 北京：清华大学出版社.

文军，张思峰，李涛柱，2014. 移动互联网技术发展现状及趋势综述. 通信技术，47（9）：977-984.

夏雨，2018. 安检委外人员管理信息系统的设计与应用. 上海铁道科技（4）：29，52.

杨丽彬，李海林，张飞波，2016. 大数据环境下的管理信息系统发展研究. 大数据，2（1）：86-98.

张金隆，2012. 管理信息系统. 2 版. 北京：高等教育出版社.

朱岩，甘国华，邓迪，等，2016. 区块链关键技术中的安全性研究. 信息安全研究（12）：1090-1097.

左向涛，2017. 某系统集成项目中的进度管理问题分析及对策研究. 成都：西南交通大学.

ALHAJJ R，ROKNE J，2014. Encyclopedia of social network analysis and mining. Berlin：Springer.

HALL M，FRANK E，HOLMES G，et al. 2008. The WEKA data mining software：An update. ACM Sigkdd Explorations Newsletter，11（1）：10-18.

ZADROZNY P，KODALI R，2013. Big data analytics using splunk：Deriving operational intelligence from social media，machine data，existing data warehouses，and other real-time streaming sources. New York：Apress.